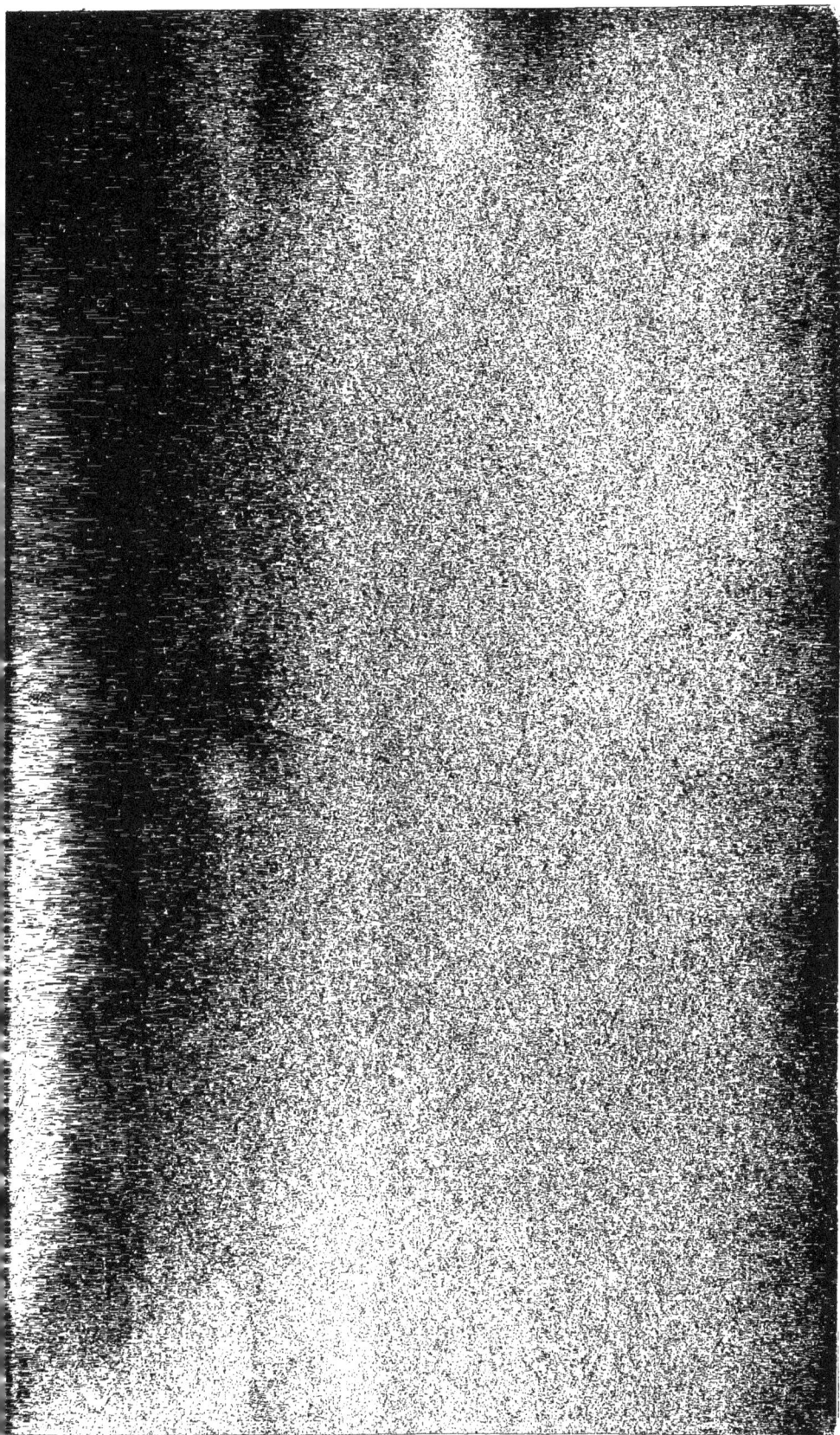

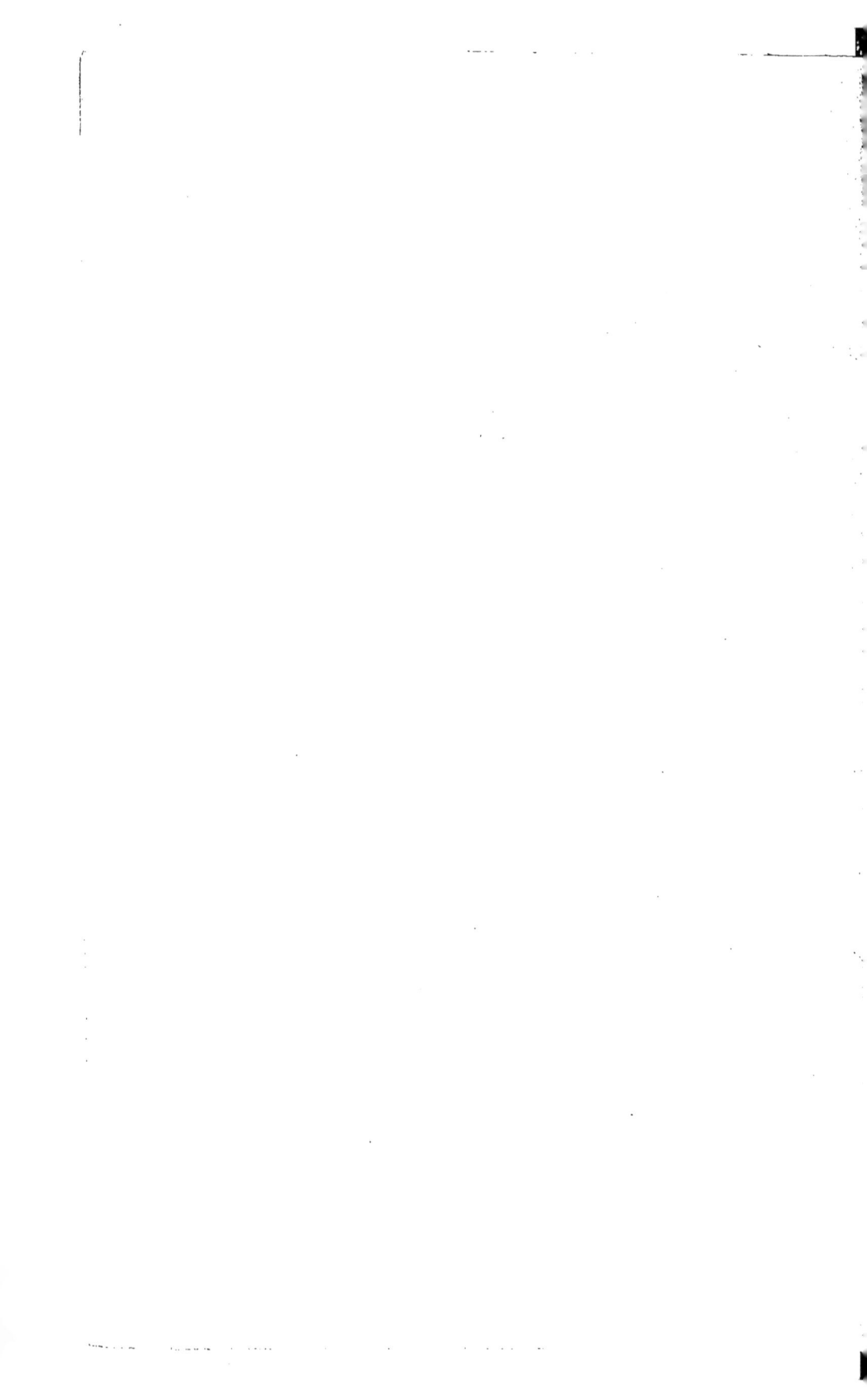

LE COMTE
DE CIRCOURT

SON TEMPS, SES ÉCRITS.

MADAME DE CIRCOURT

SON SALON, SES CORRESPONDANCES.

NOTICE BIOGRAPHIQUE

Offerte à leurs amis

PAR

Le Colonel HUBER-SALADIN

PARIS

IMPRIMERIE DE A. QUANTIN

7, RUE SAINT-BENOIT

—

1881

LE COMTE

ADOLPHE DE CIRCOURT

LE COMTE
DE CIRCOURT

SON TEMPS, SES ÉCRITS.

MADAME DE CIRCOURT

SON SALON, SES CORRESPONDANCES.

NOTICE BIOGRAPHIQUE

Offerte à leurs amis

PAR

Le Colonel HUBER-SALADIN

--- ❊ ---

PARIS

IMPRIMERIE DE A. QUANTIN

7, RUE SAINT-BENOIT

—

1881

AVANT-PROPOS

———

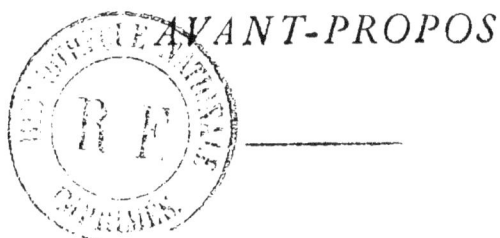

Dans la situation actuelle de l'Europe la science y devient de plus en plus une force de paix et de guerre. Elle cultive l'olivier et perfectionne le canon. Ce double rôle grandit le savant. La vie laborieuse d'un érudit pacificateur, ce qui s'y rattache, l'étonnant savoir, l'originalité d'une indépendance qui prêtait aux faux jugements sans cesse d'être utile, les convictions surtout, justifient une biographie particulièrement adressée aux amis de l'homme supérieur dont tous ont certainement gardé le meilleur souvenir.

Le comte Adolphe de Circourt, fils d'un émigré lorrain, naquit en 1801, à Bouxières, près de Nancy. Il est mort, le 17 novembre 1879, dans sa propriété des Bruyères, au village de la Celle-Saint-Cloud. Peu de bruit s'est fait autour de la tombe où sa femme l'attendait depuis seize ans.

Son temps fut le siècle, ses écrits sont l'œuvre inédite

considérable et les opuscules imprimés dont la nomen-
clature remplit les douze pages de l'appendice ci-joint.
Le salon et les correspondances de la comtesse appartiennent à l'histoire littéraire et mondaine de notre
époque.

Il n'avait pas d'enfants et cessa d'habiter Paris
depuis son veuvage. La vie qu'il partageait entre les
travaux du savant aux Bruyères et des séjours de plus
en plus prolongés à l'étranger le fit perdre de vue.
Hors de sa famille, peu nombreuse, et de quelques
intimes relations, il ne se rappelait à d'anciennes connaissances que par des articles, souvent sans signature
qu'il disséminait dans les revues et les publications
périodiques françaises et européennes.

Si l'élite du monde savant parisien l'avait apprécié
comme il méritait de l'être, chez des juges moins
compétents, l'admiration s'était arrêtée à la mémoire
phénoménale de l'érudit dont on avait pu dire sans
réelle exagération qu'il savait tout. Aucun volume
n'étant sorti de sa plume, le monde des salons et même
quelques lettrés ne virent dans l'inépuisable causeur qu'une encyclopédie vivante, une bibliothèque
d'Alexandrie qui ne devait rien laisser après elle. Le
nombre, la nature et la variété des travaux que si-
gnale l'appendice montrent à quel point on se trompait.

Dans l'époque troublée, affairée, que nous traver-
sons, il ne faut pas trop exiger du public. On ne pousse

guère nulle part à la célébrité ceux qui ne la cherchent pas. Même à Paris, le mérite le plus réel exige le cadre doré de l'exposition avec le hors concours très visible. Adolphe de Circourt ne brigua jamais aucun grand titre académique, aucune distinction quelconque. Démissionnaire des Affaires étrangères en 1830, légitimiste par conviction, par tradition de famille, par sa foi savante dans le droit historique, il chercha dans les voyages une saine diversion à son oisiveté forcée et fit une étude approfondie de l'Europe comme s'il avait dû rentrer aux affaires. En changeant de milieu pour ses observations, il ne modifia point ses opinions; mais elles s'élargirent et s'affranchirent. De retour dans son pays en 1837, il y rapportait des vues aussi personnelles qu'indépendantes. Attaché à son parti plus que jamais, il ne lui appartenait pas et ne fut homme de parti dans aucune circonstance. Celle qui permit au diplomate de se révéler en 1848 le montra répondant à l'appel de Lamartine, qui savait quels avantages exceptionnels l'estime des hommes les plus éminents de l'Allemagne, et du roi Frédéric-Guillaume IV en particulier, assurerait à son envoyé à Berlin. Le compte rendu de cette mission avait sa place marquée dans cette notice, ainsi que la visite du légitimiste à Frohsdorf en 1852.

Je n'ai pas à justifier autrement, je le répète, l'intérêt que me paraît avoir une pareille biographie.

La publicité restreinte à laquelle je la destine est
expliquée par le peu de goût pour la grande publi-
cité de celui qu'elle concerne. Il ne s'agit ni d'un nom
retentissant ni d'une illustration qui s'impose. Le
mariage du jeune Français avec une étrangère
presque célèbre, les sentiments, les idées d'alors, le
salon de la rue des Saussayes, si brillant dans sa
simplicité, les correspondances de la comtesse, tout
ce qui concerne la génération née avec le siècle,
est déjà si loin d'aujourd'hui! Mil huit cent trente
est la véritable frontière entre l'ancien régime et
le nouveau. C'est de ce côté-ci du fossé qu'ont successi-
vement jailli toutes les sources de la richesse publique
et privée, pactoles sortis de la science, des lettres, de
l'art, du sol vierge et des cratères, pour fonder deux
royautés, deux puissances nouvelles : celle de l'argent
et celle de la presse. Sous leur règne tout s'est si rapi-
dement transformé, les événements ont marché sur les
rails des chemins de fer avec une telle vitesse que les
étapes où je ramène sont comme autant de stations
perdues de vue sur la voie.

Dans ce vieux passé lointain, l'encyclopédie vi-
vante et la bibliothèque d'Alexandrie étant relé-
guées aux phénomènes, il reste l'homme, une intelli-
gence et surtout un caractère. A ces titres, le
comte de Circourt exige une biographie qui remonte
aux souches. Cherchées dans la noblesse provinciale,

elles ramènent à ces Hommes d'autrefois *dont un beau livre récent a marqué la place historique : gentils-hommes d'épée, de fortune modeste, cultivant les sciences et les arts, n'approchant des trônes qu'aux heures suprêmes et restés aussi fermes, dans leurs dévouements que dans leurs croyances, au travers de la philosophie de leur temps.*

L'enfance, l'étrange précocité du jeune Adolphe, orphelin à onze ans, chef de famille à cet âge, sa jeunesse difficile dans le travail, la science et le monde, sont des antécédents indispensables à connaître. Je les tiens des meilleures sources. En ajoutant à cela mes correspondances, mes voyages avec Circourt et nos conversations fixées dans mes souvenirs, il me restait encore à réunir les œuvres inconnues, complément d'un appendice qui donne, par le nombre et la nature des travaux, la vie laborieuse tout entière.

Il est à remarquer pour les écrits publiés, originaux ou comptes rendus, que l'élément historique sous toutes les formes y tient la première place. La politique qui s'y rattache est rarement militante. Comme dans les questions religieuses, les convictions, sans être dissimulées, ne poussent guère aux vives dissertations qu'il réservait pour les œuvres inédites. Il savait tout ce qu'on peut savoir sur les philosophes et la philosophie. Il en parlait savamment, mais aucun nom de philosophe ne figure à l'appendice, sauf celui de Victor Cousin : encore n'y paraît-il qu'à propos de son écrit historique sur la société française au XVIIᵉ siècle. Il ne s'occupait des sciences économiques et naturelles que par leurs rapports avec les grands problèmes politiques et sociaux qui planent sur de pareils sujets. L'esthétique occupait la place à laquelle elle a droit dans le cadre ouvert à tout ce qu'embrasse l'intelligence humaine. Mais les constantes préoccupations du chercheur et du songeur montaient plus haut. Dans sa solitude studieuse comme dans ses voyages, s'il fouillait dans le passé, s'il interrogeait le présent, c'était sans perdre de vue le voile impénétrable. « Jamais comme aujourd'hui, disait-il, guerres épiques, révolutions politiques et sociales, transformations par les merveilles et les audaces de la science, n'ont entassé, acculé dans l'inconnu, plus de menaces et d'espérances. »

En effet, dans le nuage lourd qui traîne sur l'Europe, les étoiles pâlissent, les phares vacillent. Les vingt dernières années d'un siècle décident du nom fatal ou glorieux qu'il portera dans l'histoire. Le savant voyait le rôle prépondérant de la science amener le combat sur son terrain; il y maintenait ses droits à l'espoir et aux inquiétudes.

Plus pressé de parler d'un autre que de moi, et le moment où j'allais entrer dans ma quatre-vingt-troisième année ne me laissant pas de temps à perdre,

j'ai mis de côté le manuscrit de mes Souvenirs con-
*temporains pour m'occuper de cette biographie. Des
fragments de mon travail interrompu y trouvaient
leur place et j'avais hâte de faire d'une ébauche de
Circourt le portrait que voici. Le rôle personnel
d'intimes* Souvenirs *se retrouvera, sans qu'on s'en
étonne, dans la forme souvent anecdotique et familière
de ce qui ne s'adresse pas au grand public.*

*Partis de bords en apparence très opposés de l'an-
cien régime, nous avions, Circourt et moi, de nombreux
points de rapprochement. Plus ancien que lui dans
l'émigration, je remonte à l'époque où le patriciat
genevois partageait l'exil volontaire ou forcé de la
noblesse française et savoyarde. Mon grand-père,
ancien officier au service de Hesse-Cassel et du roi de
Sardaigne, laissait à Lausanne, une veuve connue
par les lettres souvent citées de Joseph de Maistre à
Mme Huber-Alléon. C'est de Saint-Pétersbourg qu'il
écrivait en apprenant la mort de son amie. « Je ne
passerai jamais de meilleures soirées que celles que
j'ai passées chez elle, les pieds sur les chenets, les
coudes sur la table, excitant sa pensée et rasant mille
sujets à tire-d'aile au milieu d'une famille digne d'elle.
Elle est partie et jamais je ne la remplacerai*[1]. » *C'est*

---

1. *Lettre au comte Golowkin, Saint-Pétersbourg, 18 juin 1807.*
Lettres et opuscules inédits *de Joseph de Maistre, publiés par son
fils. Paris. 1851.*

dans ce qu'il appelle ailleurs le délicieux salon de
Cour, maison de campagne sur les bords du lac, que
s'était faite la première lecture du Voyage autour
de ma Chambre de son frère Xavier. Ma grand-mère
était cousine germaine de M. Necker et son amie d'enfance, ce qui plaçait dans ses affections, à titres bien
divers, les deux hommes qui représentaient alors avec
le plus d'autorité les systèmes monarchiques et politiques les plus opposés. Le marquis Costa de Beau-
regard, un de mes plus vifs souvenirs d'enfance, fut
un troisième ami. Je tiens de son arrière-petit-fils, l'aimable auteur de l'Homme d'Autrefois, une lettre
curieuse qui témoigne de l'engagement pris par Joseph
de Maistre, avec ma grand-mère, de ne jamais per-
cer de sa plume son parent et ami, M. Necker.
L'expression est bien de son encre. C'était moins une
trêve de Dieu entre Rome et Genève, qu'un armis-
tice tout politique, ou plutôt l'arme arrachée à la
main du fougueux Joseph au moment où Coppet,
frappé d'interdit par l'émigration, faisait du ministre de Louis XVI le complice des crimes de la
Révolution et des souffrances de leurs victimes. A
cette époque au point de vue religieux, sous les mêmes
coups portés par les mêmes ennemis, la philosophie
du siècle aidant, Rome et Genève, surtout entre gens
du même monde, s'étaient rapprochées, dans une
tiédeur presque générale. L'accord venait de plus haut,

entre l'auteur du Pape *et une très sérieuse protestante.*

Le parti Necker se renforça dans le salon de Cour
*par l'arrivée de M*ᵐᵉ *de Staël, entourée d'amis et d'une
émigration qui comptait, parmi les plus grands noms
de France, les plus fidèles représentants des idées
généreuses écrasées sans être vaincues. C'est assez
pour dire que je grandis dans les traditions de l'élite
du monde intellectuel d'alors. J'ai habité le château
de Coppet du vivant de M. Necker et depuis sa mort.
L'émigration genevoise n'était pas rentrée dans une
patrie, mais dans le département français du Léman.
Coppet devint pour des amis et des parents la patrie
de ceux qui n'en avaient plus. A la même époque, on
verra ce que fut Besançon pour Circourt et les émigrés
lorrains ou francs-comtois. Pour eux, sous le Consulat
et l'Empire, la ville des anciennes franchises et des
traditions parlementaires lettrées eut quelque chose de
notre Coppet avec des attaches patriotiques et natio-
nales moins brisées. Lorsqu'après la chute du trône
de la branche aînée, le mariage de Circourt l'amenait
à Genève, il y trouvait la restauration républicaine
de 1814 tempérée, sans secousse, dans un gouvernement inspiré, soutenu, par des hommes qu'il suffit de
nommer pour se rappeler qu'ils eussent été de force à
diriger les affaires d'un grand pays dans les nouveautés
parlementaires de cette époque. Après la mort de
M. Pictet de Rochemont, publiciste éminent, repré-*

sentant de la Suisse au congrès de Vienne, l'arrivant connut M. Pictet-Diodati, ancien député au Corps législatif, Sismondi, Rossi, qu'un plus grand théâtre attendait, MM. de La Rive et de Candolle. La belle-mère et la femme du jeune Français étaient également liées avec Bonstetten, M. Eynard le philhélène et sa famille, avec le philanthrope comte de Sellon, frère de la duchesse de Clermont-Tonnerre, Mme Necker de Saussure et d'autres femmes distinguées. Quelques personnes conservaient encore, par le service de France et les liaisons de l'émigration, des relations avec le monde de Circourt à Paris. La tendance de ce monde genevois, politique et mondain était ce que représentait à Paris, et surtout à Besançon, la droite royaliste modérée. On verra par les correspondances de Bonstetten et de Sismondi avec Mme de Circourt, avant et depuis son mariage, ce que le foyer de Coppet répandait encore de chaleur et jetait de rayonnements sur les gouvernements parlementaires inaugurés par le congrès de Vienne.

Un charmant écrivain, M. le vicomte Othenin d'Haussonville, vient de nous ramener, par le Salon de Mme Necker, au ministre de Louis XVI et à leur illustre fille, en déposant d'une main émue trois couronnes sur le tombeau couvert de silence et d'ombre du parc de Coppet. Dans les droits, chaque jour moins contestés à ce triple hommage, je ne rappelle ici que

le Mémoire pour la défense du Roi, *de M. Necker et
les* Réflexions *de Mme de Staël* sur le procès de la
Reine, *dans lesquelles sa plume courageuse, comme
celle de son père, sans apaiser leurs ennemis royalistes, bravait la confiscation de tout ce qu'ils possédaient en France. Étranges rapprochements! M. Necker descendait de Jacques Cœur, et, par le mariage
de Christine de Salm avec François de Lorraine, il
devait à l'époux de Marie-Thérèse une lointaine attache de parenté avec la reine Marie-Antoinette.*

*Au plus fort des troubles incessants de Genève,
dans le siècle dernier, l'auteur de* l'Éloge de Colbert
*conservait des admirateurs fidèles dans le parti gene-
vois antirévolutionnaire le plus prononcé. Des lettres
de mon grand-père, trouvées dernièrement aux
archives du château de Coppet, adressées à Mme Necker, témoignent d'autant d'admiration pour son mari,
rentré aux affaires en 1788, que de lumineuses prévisions sur l'abîme où d'autres conduisaient la France.
La même admiration pour M. Necker se retrouve dans
ce qu'il écrivait à Grimm pour être mis sous les yeux
de l'impératrice Catherine. On voit que mon école politique de famille différait peu de celle de Circourt qui vit
d'emblée, en arrivant à Genève, ce que la France de
Calvin et l'Italie des Burlamacchi avaient fait de cette
conquête sur les ducs de Savoie. Aucun étranger ne
pénétra plus profondément dans la Genève politique,*

religieuse et savante, dans le meilleur de ses qualités
sérieuses les plus saines et le pire de ses traditions
démocratiques. C'était encore alors le retour à la
vieille Genève, nouveau canton suisse, gouvernée par
l'esprit des hommes dont j'ai parlé plus haut. En se
jetant sur cette microscopique originalité historique
comme un géologue sur un fragment d'aérolithe, il
fit équitablement la part du passé et du présent, en
reconnaissant dans le siècle dernier, comme dans celui-ci, l'aviso qui marche devant la flotte européenne
vers le port ou vers les naufrages.

Par un accord de principes généraux et d'indépendance avec le légitimiste dont j'avais connu la
belle-mère et la femme à Rome, à l'ambassade de
France chez M. de Chateaubriand, nous ne nous per-
dîmes pas de vue dans nos voyages et nous nous retrou-
vions dans le même monde à Paris en 1837. Mes
relations et mes liens de famille m'amenaient par le
même sillon lumineux littéraire et mondain aux
mêmes salons. Celui de Mme de Circourt me permet
de revenir à ceux de la royauté et de l'empire sur
lesquels tout n'a pas été dit. Avec les derniers reflets
d'un vieux rôle historique, ils ont le droit des puissances déchues à n'être pas trop vite oubliés et complè-
tent pour les amis des Circourt, qui n'ont pas connu le
salon de la rue des Saussayes, ce qui n'est que leur place
marquée dans cette notice. On ne s'étonnera pas de

l'étendue que cet écrit devait prendre, sur des sujets plus graves, avec les compléments et les documents que je dois aux plus grandes bienveillances.

Par la courtoisie de l'homme du monde et la bonté de cœur du savant, les critiques du comte de Circourt, quelquefois sévères, n'étaient jamais blessantes. Il savait la Divine Comédie *du Dante, par cœur, de la première strophe à la dernière. Les vers du poète étaient les seules flèches acérées qu'entre intimes son admirateur décochait, en rimes fortement scandées, aux auteurs de bévues historiques et politiques écrites ou parlées.*

On a prétendu trouver une ressemblance, entre le profil dantesque et celui de l'admirateur. Si le portrait, que j'offre à des amis, ne permet pas la comparaison, il n'en reste pas moins un souvenir.

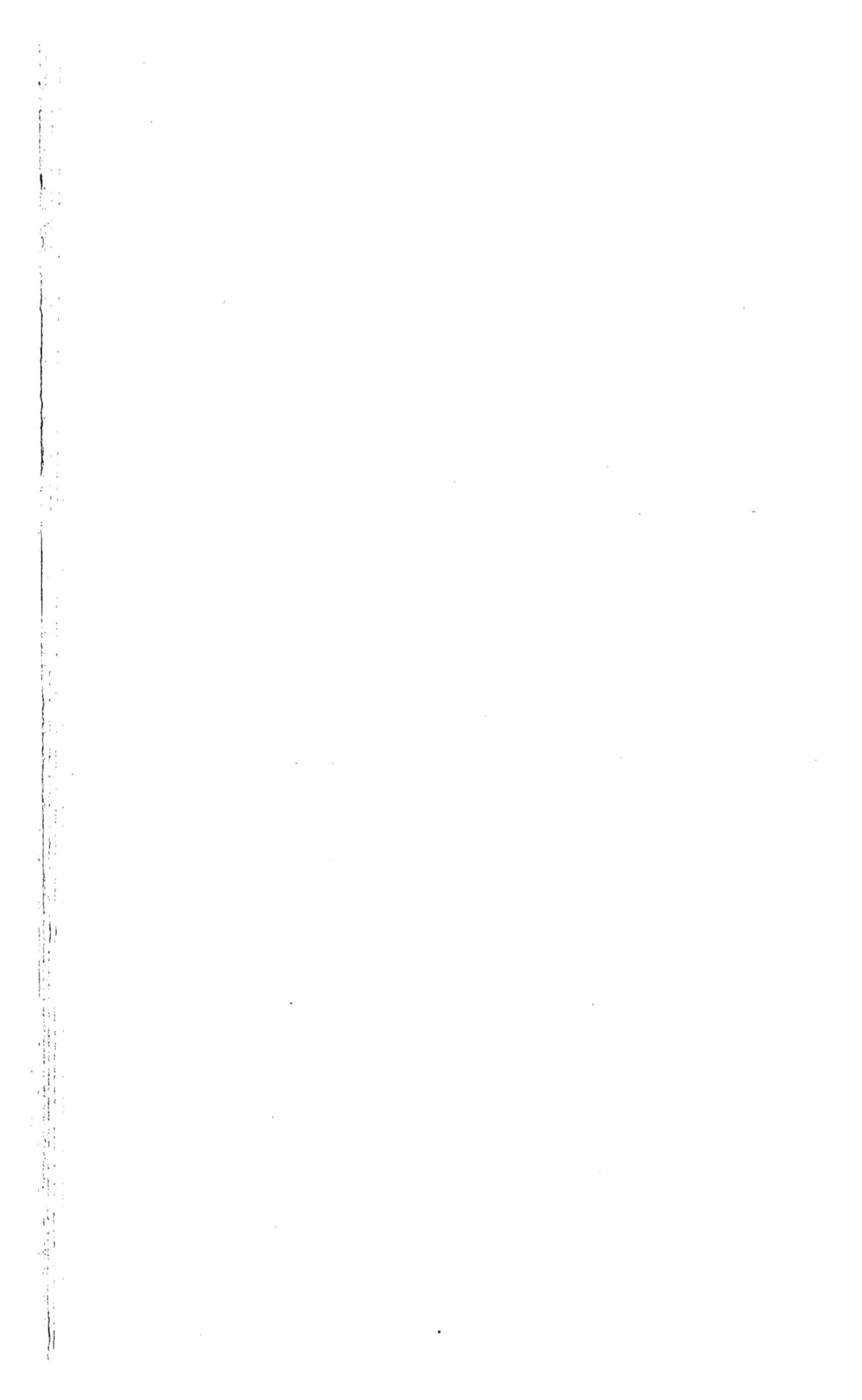

LE COMTE

ADOLPHE DE CIRCOURT

I

DE 1801 A 1830.

LORRAINE. BESANÇON. PARIS.

A peine rentré de l'émigration, le dernier représentant d'une famille de vieille souche lorraine, le
comte Jean-Baptiste de Circourt, se mariait à Besançon
et venait s'établir avec sa jeune femme au village de
Bouxières-aux-Chênes, près de Nancy. Rien de plus
précaire que cette halte d'un officier de l'armée de
Condé, qui n'était même pas rayé encore de la liste
des émigrés, sous un toit d'emprunt où il arrivait
presque sans moyens d'existence.

Un ancien petit fief rustique, très modeste dans
sa noblesse, ni château, ni maison forte, fut l'asile
qu'une tante un peu moins maltraitée par la Révolution offrait à son neveu. Il s'agissait d'y vivre avec
quelques épaves du naufrage, des bribes de la terre
d'Abainville et la petite dot apportée de Besançon.
Le mariage qui s'accomplissait datait de loin. En

I

1792, le comte de Circourt, sous-lieutenant au régiment de Piémont, allait épouser Mlle Mareschal de Sauvagney, lorsque la Révolution sépara les fiancés. La jeune personne, après l'emprisonnement de ses parents, subit les rigueurs de l'exil dans leur terre de Gesier pendant que l'officier combattait à l'armée de Condé auprès de son parent le général de Viomesnil.

Le jeune gentilhomme avait été reçu en minorité dans l'ordre de Malte, à l'âge de dix ans, avant d'entrer à l'école militaire où il eut pour camarade Napoléon Bonaparte. Sa première garnison fut Besançon, lorsque Auxonne était celle de l'officier d'artillerie corse, et le voisinage rapprocha souvent les deux camarades qui ne se rencontrèrent plus après la Révolution. Les fiancés de 1792 ne se revirent que sous le Consulat, sauf une rencontre fugitive avant le dix-huit fructidor.

Adolphe-Marie-Pierre de Circourt, le premier né de cinq frères, fruits de ce mariage, naquit le 22 septembre 1801, à Bouxières. Le séquestre n'avait pas encore été levé sur les biens qui restaient à son père.

Au sortir de tant d'orages, les victoires du premier Consul commençaient à rassurer la France. Un rayon de soleil au ciel gris suffit à l'oiseau pour confier son nid à la branche menacée. L'avenir qui rayonnait à l'horizon encourageait le travail du jeune ménage autour d'un berceau.

Les proscriptions et l'émigration ont déganté les mains les plus blanches. Les gentilshommes campagnards, surtout, se trouvèrent préparés aux rudes épreuves par les habitudes sans luxe d'une époque où le soc de la charrue et le canon du fusil étaient du même fer.

En Lorraine, duché souverain dénationalisé, ballotté entre l'Allemagne et la France, la situation avait rapproché tout ce qui comptait parmi la noblesse des ancêtres du vieux sol. Dans les rangs des maisons dites les Grands Chevaux, auxquelles on accordait la suprématie, se trouvaient des gentilshommes, comme les Ligniville, plus qualifiés d'honneur que de biens. A la petite cour du roi Stanislas, transportée de Commercy à Lunéville, avec Voltaire, Boufflers, Saint-Lambert et la savante marquise du Châtelet, les lettres, la philosophie, la science et la galanterie avaient gravi si haut les pentes du Parnasse qu'elles s'y confondaient avec l'azur du ciel. La philosophie du temps ne fit école dans le duché que par ses côtés généreux. Le comte de Circourt avait subi, comme l'élite de la noblesse d'alors, l'entraînement général. Il s'était passionné surtout pour Bernardin de Saint-Pierre et, entre les maîtres de l'époque, pour Jean-Jacques, mais sans y laisser effleurer ses croyances chrétiennes. La comtesse appartenait à une des vieilles familles patriciennes de Besançon qui par elle-même et par ses alliances tenait à tout le parlement. Son éducation fut à la fois sérieuse et lettrée. Elle était bien douée pour les arts, particulièrement pour la peinture. Sa sœur cadette passait pour avoir inspiré le type de Séraphine du conte de Charles Nodier.

Il y avait ainsi, chez le père et la mère, ce qui permettait de pourvoir à la première éducation des enfants, sans secours étrangers.

Pour l'heure, la gentilhommière de Bouxières leur assurait le gîte de quelques années ; le plus pressant était d'en tirer le meilleur parti possible. Aussi les voisins ne tardèrent-ils pas à s'émerveiller de ce que le jeune couple sut faire pour une demeure dont ne se contenterait peut-être plus de nos jours le plus modeste petit marchand retiré des affaires.

Les désordres réparés et masqués, la simplicité du bon goût y fut l'élégance du dedans, en même temps que la clématite, le chèvrefeuille et la vigne vierge recouvraient les lézardes du dehors. La masure devint un cottage. Le jardin, débarrassé de ses ronces et de ses orties, produisit des légumes, des fruits et des fleurs. Au bout du jardin, une construction de quelque vingt pieds carrés fut dégagée des plantes parasites et rendue à sa première destination de chapelle du manoir. En arrachant la mousse qui recouvrait le linteau de la porte, on y trouva gravée la devise de la duchesse de Lorraine : *Amour et Foi,* du rondeau de Clément Marot. Cette chevaleresque et pieuse devise reparaissait au jour dans l'ombre, révolutionnaire encore, où le culte privé permettait seul à la famille et à quelques voisins de s'agenouiller devant un autel. Adolphe fut baptisé dans cette chapelle par un prêtre ami.

Privés de distractions extérieures dans une vallée paisible, sans grandes beautés pittoresques, de jeunes imaginations subirent facilement les impressions d'une éducation sérieusement et pieusement dirigée. Les seuls voisins qu'on voyait à Bouxières n'étaient pas faits pour égayer l'étroit horizon. Un gentilhomme irlandais, âgé déjà, M. de Mac-Dermott, chevalier de Saint-Louis, fils d'un des compagnons du vaincu de Culloden, s'était fixé, avec sa famille, près de Bouxières, à Fleurfontaine, dans toute la ferveur d'un double culte politique et religieux. La première œuvre d'art qui frappa l'imagination des jeunes voisins fut un beau pastel de Charles-Édouard dont le pâle visage rayonnait à leurs yeux sous la même auréole que celle des martyrs de leurs saints livres. Qui n'a pas éprouvé l'influence de pareilles impressions restées ineffaçables?

C'est dans la calme sérénité de cette existence qu'Adolphe ne tarda pas à montrer les facultés d'une précocité rare, qui furent à la fois pour ses parents une satisfaction et une inquiétude. On n'avait pas compté sur la nécessité si prompte de secours étrangers; il lisait couramment et avidement avant d'avoir atteint sa quatrième année.

Un religieux, le P. Cyrille, fut appelé près de l'enfant quand les parents, chaque jour plus occupés par ses frères, demandèrent du secours. Adolphe devançant à pas de petit géant les études de son âge, le P. Cyrille fut bientôt au bout de son latin.

L'adolescent s'emparait de tous les livres à sa portée et les lisait la plume à la main. En le voyant menacé d'une ophtalmie, on lui enlève ses livres après l'avoir enfermé dans une chambre à demi-obscure. Les supplications du prisonnier lui valent la pitance d'une grammaire allemande et de quelques feuilles de papier. Quand on vint le délivrer, la grammaire était traduite en latin. Il avait alors huit ans. On commençait à voir en lui comme un nouveau Pic de la Mirandole en chemin de soutenir les neuf cents propositions, *de omni re scibili*. Cela donnait à penser aux parents pour les hautes études au-devant desquelles il marchait d'un tel pas. Une pareille précocité présageait celle de ses frères, qui ne devaient compter, comme leur aîné, dans l'avenir, que sur eux-mêmes.

Le secours pour les y préparer tous ne se trouvait qu'à Besançon, où Mᵐᵉ de Sauvagney, depuis longtemps séparée de sa fille, l'appelait avec des instances d'autant plus vives que la santé de Mᵐᵉ de Circourt était profondément altérée par des épreuves si courageusement supportées. Le comte lui-même était à bout de forces ; il vendit le peu de bien qu'il possédait en Lorraine où il ne comptait plus de parents rapprochés. La position de ceux de sa femme montrait à de sombres pressentiments le seul appui qui resterait à des orphelins. Dans les derniers mois de 1810, la famille éprouvée arrivait à Besançon.

La même année, le camarade d'école militaire, l'empereur Napoléon, épousait une archiduchesse d'Autriche de la maison de Lorraine. L'officier français, gentilhomme lorrain, père de famille, ne fit valoir ni souvenirs, ni titres ayant quelques chances de

lui venir en aide. Aucun Circourt, au départ du duc
François III, n'avait suivi la fortune du futur époux
de Marie-Thérèse, non plus que l'exemple d'émigration donné par les Fiquelmont, les Merci, les Gon-
drecourt et leurs propres parents les Dombasles. Le
dernier Circourt, dégagé de tout devoir envers Stanislas à la mort de ce prince, payait le même tribut
de dévouement royaliste aux Bourbons exilés que la
noblesse française accusée par la Révolution de mé-
faits séculaires. On verra plus loin ses dernières recommandations paternelles, et ce qu'il attendait de
ses fils et de leurs devoirs dans une nouvelle patrie.

La Franche-Comté ne s'était tout à fait cordiale-
ment ralliée à la France que depuis la première coalition étrangère de 1793. Jusque-là, la perte de ses
anciennes franchises, les deux violentes conquêtes
de Louis XIV, la violation de la neutralité dont la
couvraient les Suisses, les fuyards de l'édit de Nantes
emportant avec eux de riches industries, tout avait
concouru à entretenir des griefs poussés par les
paysans jusqu'à se faire enterrer la face contre terre
et les pieds tournés vers la France. Dans les hautes
classes, le regret des franchises était héréditaire.
Au moment du secours donné par Versailles aux
Américains pour la guerre de l'Indépendance, alors
que le vent du large ne soufflait qu'en zéphir libéral
sur la France, dans la Franche-Comté il agitait les
ronces sur le tombeau des franchises et grondait dans

ses montagnes. Plus tard, à l'approche des étrangers, à l'heure du grand frémissement des frontières qui souleva cette province dans son rôle d'avant-garde, le premier coup du fer ennemi, frappé sur la cuirasse, y fit éclater *la Marseillaise* : Rouget de l'Isle était Franc-Comtois. L'explosion patriotique partit surtout des classes moyennes, plus ouvertes aux espérances démocratiques et plus altérées de grande nationalité définitive que la noblesse, laquelle comptait encore de nombreux gentilshommes dans les rangs de la coalition.

La Lorraine et la Franche-Comté donnèrent aux armées de la République et de l'Empire plus de généraux et de maréchaux que plusieurs des autres provinces réunies. La Franche-Comté seule se glorifiait des Lecourbe, des Pajol, et des Pichegru, sortis, comme Cuvier, un voisin de Montbéliard, de la forte race jurassienne. Cette race, à demi montagnarde, robuste de tête et d'épaules, fit mieux, alors et depuis, que plus tard des Francs-Comtois de force, comme Proudhon, à saisir à bras-le-corps la propriété, et, avec Courbet, la colonne Vendôme.

Les antécédents lorrains et francs-comtois sont inséparables de cette biographie : l'horizon d'un Français des frontières de l'Est n'est celui ni de l'Océan ni de la Méditerranée. Ces rameaux de vieilles souches entés sur le vieux tronc y restent reconnaissables.

A Besançon, la comtesse de Circourt mit au monde un cinquième fils, et peu de jours après, le comte, que ses pressentiments n'avaient pas trompé, y rendait le dernier soupir le 30 mars 1812.

L'émigré vit-il, à sa dernière heure, l'étoile de Napoléon pâlir en Espagne dans les événements précurseurs de la retraite de Moscou? La prévision d'un prochain avenir qui remettrait en question les destinées de la France vint-elle troubler les derniers moments du royaliste? Il est permis de le supposer par ses appréhensions en voyant sa vaillante compagne, comme lui, près de succomber elle-même à la peine et de le suivre dans la tombe.

La comtesse mourait le 30 août 1813 en confiant cinq orphelins aux soins de sa famille. Celle-ci, non seulement accepta l'héritage, mais elle s'en fit honneur. Les trois aînés n'étaient pas des enfants ordinaires. L'estime dont le père fut entouré, l'affection qu'on portait à la mère et la touchante position des cinq orphelins firent trouver à ceux-ci, dans leurs oncles et leurs tantes, autant de vives et chaudes affections que d'appuis nécessaires.

Le comte avait nommé tuteur de ses enfants leur oncle, ancien conseiller au parlement, M. Mareschal de Sauvagney. Il ne pouvait faire un choix plus naturel et plus digne. Mais, en mettant entre ses mains les intérêts de ses fils, l'étonnante maturité d'Adolphe lui permit de confier à un enfant de onze ans la direction de ses frères et de lui conférer en quelque sorte toute son autorité paternelle. Et la prévoyance d'un tel père était celle d'un homme qui pressent la lutte de cinq fils ayant à s'ouvrir cinq carrières.

Déjà, les instructions datées de 1808, qu'il laissait après lui, témoignaient d'une préoccupation pré-voyante, antérieure et constante, de l'avenir difficile et laborieux de ses enfants.

Ces instructions, testament religieux et politique, dans lequel les chiffres ne jouent aucun des rôles prépondérants d'aujourd'hui, montrent ce qu'un gentilhomme royaliste estimait encore, alors, comme le plus précieux héritage à laisser aux siens. C'est à ce titre que des extraits n'en sont pas déplacés ici. « Ma première instruction est, dit-il, celle qui regarde la religion. Dieu vous a fait la grâce de naître dans la religion catholique, apostolique et romaine ; restez-y fidèlement attachés. Quand vous aurez un peu d'expérience, vous verrez que, même ici-bas, il n'y a de félicité que dans la bonne conscience qui ne peut exister que par la religion qui seule conduit à toute la perfection spirituelle. Vous lirez un jour d'où sont venus les crimes qui ont inondé votre malheureuse patrie. Si Dieu dans sa colère ramenait encore sur la France des circonstances pareilles à celles dont nous sortons, restez fidèles à la religion et à votre prince, et croyez que, quel que soit l'événement, vous aurez servi vos véritables intérêts. Dans les positions où il place quelquefois les hommes, il ne défend pas la prudence. Il l'ordonne même ; mais elle ne doit s'exercer par aucun acte bas ou criminel, tel que serait une profession de foi erronée à laquelle on

souscrirait.... Entre vous, mes chers enfants, aimez-
vous, soutenez-vous ; toute la force d'une famille est
dans l'union. Elle peut seule vous rendre sur cette
terre les avantages que les circonstances vous ont
enlevés. Vous verrez que votre famille est ancienne et
honorable et que tous vos pères ont eu une existence
distinguée. Il ne faut pas que cette connaissance vous
inspire le moindre orgueil, mais bien le désir d'imiter
leur noblesse d'âme et la pureté des principes de vos
ancêtres. Quant aux avantages politiques dont ils jouissaient, les lois actuelles de votre patrie vous en ont
privés. Soumettez-vous-y sans réserve. *Aimez et servez
toujours cette patrie, quel que soit le sort qui vous y attende.
Il n'existe vis-à-vis d'elle qu'un titre vraiment désirable,
c'est celui d'un bon citoyen.* La religion nous l'apprend,
en nous donnant d'ailleurs pour les honneurs de ce
monde une modération qui est d'une grande utilité
pour le bonheur.... Si la fortune sourit à l'un de vous,
qu'aussitôt il tende à ses frères une main secourable.
Je n'ai rien à vous prescrire sur l'état que vous devez
prendre. Vous suivrez peut-être la loi des circonstances.
Sondez bien vos cœurs et voyez vos inclinations. Quel
que soit celui que vous recevrez ou prendrez, rem-
plissez-en bien tous les devoirs. » Ces instructions,
datées du moment où les aigles d'Austerlitz et d'Iéna
relevaient glorieusement la France, montrent le
royaliste qui, sans être ébloui, prévoit des carrières
ouvertes à ses fils, dans lesquelles ils peuvent servir
honorablement leur pays sans y sacrifier un principe.
Il termine par la recommandation expresse de *s'abstenir*

dans les réactions, de ne se faire les complices d'aucune violence et surtout de ne jamais rien sacrifier à leurs intérêts personnels. La foi religieuse pour boussole, et pour drapeau celui de la patrie.

La mort de Mme de Sauvagney, grand'mère des jeunes orphelins, avait précédé de quelques mois celle de sa fille. Sa sœur, Mme de Perrinot, veuve d'un ancien capitaine d'une compagnie des gardes suisses qui avait servi dans l'émigration avec le grade de maréchal de camp, représentait seule la génération des grands parents. La sœur de Mme de Circourt était mariée au chevalier, depuis baron Durand, colonel du régiment de Durand à l'armée des princes, rentré à Besançon à la fin de l'émigration. Son frère, le tuteur, M. de Sauvagney, rentré de même en France, habitait le château de Gesier où il exerçait une large hospitalité : grand chasseur, homme d'esprit, de la vieille roche, un des derniers types du parlementaire mondain. Adolphe, Ernest et Arthur furent mis en pension chez un ecclésiastique. La baronne Durand se chargea d'Albert, et le dernier né était en nourrice. Il y mourut bientôt, suivi de près par Ernest, tous deux de faible complexion.

Lorsque, trois ans plus tard, Arthur partit pour Saint-Cyr, la veuve du général de Perrinot s'empressa de réclamer Adolphe avec les plus vives instances. C'était une femme excellente et d'une rare énergie. Dans l'émigration, à l'armée des Princes, elle avait

accompagné son mari partout, au travers des camps
et sur les champs de bataille où elle le suivait dans
une charrette de vivandière. Elle était, par son originalité et sa bonne humeur, un centre de famille.
« Je veux le savant, avait-elle dit. Il mangera chez
moi de la vache enragée, je le logerai dans une man-
sarde. J'en veux faire un homme, mais, s'il se tue
de travail, je suis là pour jeter ses bouquins par la
fenêtre. » On se réunissait chez la vaillante dame le
soir. Elle régalait les enfants de pommes de terre et
de marrons cuits sous la cendre, arrosés d'une pi-
quette de cantine. Le savant prenait part à la fête
sans se faire prier, et s'y montrait avec toute la
gaieté, la vivacité et la pétulance de sa nature. Car le
tuteur des études était aussi l'alerte et gai compa-
gnon de ses frères, mais l'oreille ouverte à la cloche
qui sonnait la classe dans la cour du lycée. A la dis-
tribution des prix de 1816, Adolphe les remporta
tous.   .

La Restauration avait rendu au service militaire le
général Durand qui prit sur ses neveux un empire
mérité. La première campagne de sa jeunesse avait
été celle d'Amérique, sous Rochambeau. Prisonnier
des Anglais avec l'amiral de Grasse, il servit dans
l'émigration au régiment de Hohenlohe qui devint
régiment Durand. Maréchal de camp au retour des
Bourbons, il commandait la place de Besançon en
1814. C'était un homme d'infiniment d'esprit, très
lettré; il avait suivi le mouvement des idées, avec
Rousseau, Condillac et Mably, en curieux plus oc-

cupé de Maupertuis que des utopistes. Il communiqua
aux jeunes de Circourt l'esprit de conduite et plus de
sentiments que d'opinions. Mutilé sur le champ de
bataille, l'honneur dominait tout chez lui ; ce fut la règle
principale de ses jugements. Il exerça sur Adolphe une
grande influence. Sa femme, qui chérissait ses neveux
comme ses enfants, était toute en dévotion, en religion,
en royalisme, en même temps qu'en dévouement et
abnégation dans ses affections. C'était le cœur de sa
vaillante tante, Mme de Perrinot, avec tout ce qui dis-
tingue la croix de l'église de celle du bivouac en plein
champ. La société royaliste de Besançon fut pour
les jeunes gens une bonne école mondaine, sérieuse
et spirituelle. Leurs plus proches parents y tenaient
alors la tête. Le premier président de la cour, M. le
vicomte Chiflet, plus tard pair de France, se faisait
remarquer à divers titres, ainsi que le marquis de
Terrier-Santans, député. La comtesse de Mareschal-
Vezet, veuve d'un président à mortier qui prit place
dans les conseils du roi Louis XVIII pendant l'émigration, avait un salon très recherché que nous re-
trouverons à Paris. Ce bon et aimable monde représentait l'ancien régime et comprenait le nouveau. La
nuance politique était en général droite modérée,
nuance Richelieu. Tel fut le milieu dans lequel les trois
frères ne s'inspirèrent d'aucun sentiment contraire aux
instructions paternelles. Ils prirent le goût de la bonne
compagnie dans un monde sans morgue, lettré, ouvert
à tout ce qui était aimable et respectable.

Le lycée de Besançon se prêtait, on ne peut mieux,

aux études préparatoires des trois jeunes gens. Adolphe, directeur de ces études, se destinait à la carrière administrative et visait à l'École de droit de Paris; Arthur à l'École militaire de Saint-Cyr, et Albert à celle de la marine d'Angoulême. L'aîné partit pour la capitale, en 1817, avec des certificats d'études qui dépassaient tous les programmes; les professeurs insistaient autant sur la conduite et la docilité de leur élève que sur sa capacité. Avec ces passeports sa malle était plus lourde de livres que de hardes. Le bagage se complétait par les instructions paternelles, la liste des parents proches ou éloignés qu'il pourrait rencontrer dans le grand rendez-vous des provinciaux, quelques lettres des oncles avec leurs recommandations verbales dictées par l'expérience d'hommes qui avaient été jeunes, et une année de la pension que le tuteur, économe pour ses pupilles, avait fixée à 1,200 francs.

Dans la diligence à six places, laquelle mettait alors trois jours et deux nuits à franchir la distance de Besançon à Paris, le jeune provincial eut le temps d'arrêter le plan de campagne qui s'accordait le plus sensément avec les difficultés du présent et celles de l'avenir.

Les premières furent, au début, très atténuées par l'accueil du maréchal de Viomesnil et de sa famille. La maison de sa fille, la marquise de La Tour du Pin-Montauban, était une des plus agréables d'alors, autant par le reflet de la haute faveur du maréchal à la cour que par les qualités personnelles de la marquise. La réputation du jeune cousin l'avait devancé. Il arrivait au moment où le parti royaliste fondait des espérances sur une jeunesse que la guerre rendait aux études sérieuses. Les jeunes gens studieux promettaient des capacités et des talents nécessaires à la monarchie restaurée. L'héroïsme militaire avait fait son temps, et le *cedant arma togæ* stimulait les jeunes ambitions en donnant à la plume la prépondérance que le sabre avait si longtemps exercée.

Pour l'élite de l'émigration, l'école du malheur n'avait pas été perdue. La vieille noblesse comptait dans ses rangs des supériorités d'esprit et de cœur, en même temps qu'elle rapportait dans ses hôtels de Paris les meilleures de ses inimitables traditions. Le jeune provincial eut ainsi le bonheur de débuter dans un monde privilégié, à l'heure où la réaction contre la littérature académique de l'Empire ouvrait, avec Chateaubriand, Byron, les Anglais et les Allemands, la voie qui préparait aux premières *Méditations* de Lamartine.

La connaissance des langues et des littératures étrangères que possédait l'étudiant le poussait au premier rang dans une actualité qui le mettait en évidence. La mode est une puissance parisienne. Le maréchal de Viomesnil, qui se prit pour son jeune parent d'une affection toute paternelle, tira parti des premiers succès de son protégé aux réunions peu nombreuses et choisies des salons où les jeux d'es-

prit, les jolis vers et les lectures profitaient aux
timides et aux nouveaux venus. Le vieux maréchal
savait qu'un agrément pèse autant qu'un vrai mérite
dans un début mondain. Il fit valoir un esprit vif et
brillant qui de sa nature n'avait aucun penchant à la
pédanterie. Le travail et l'empire sur lui-même domp-
tèrent un tempérament qui dut à ces freins et à la
bonne fortune de son entourage à Paris ce qui man-
que à tant d'autres jeunes provinciaux. La jeunesse
n'est jamais vaincue par le travail sans sacrifices. Chez
Adolphe de Circourt, toute la sève de l'arbre, sans
s'épandre, passa des fleurs de l'adolescence aux fruits
de la maturité. Il forma peu de relations sur les
bancs de l'École de droit. Deux seules furent intimes :
l'une avec un futur ministre de quelques jours, M. de
Thorigny ; l'autre, destinée à durer jusqu'à la dernière
limite de sa vie, avec l'homme éminent qui ne fit que
traverser la magistrature pour devenir le cardinal de
Bonnechose, archevêque de Rouen.

Avec les salons qu'avait ouverts à son jeune cousin Mme de La Tour du Pin, il retrouvait les intimités
de Besançon dans celui de la comtesse de Vezet, qui
passait la plus grande partie de l'hiver à Paris. Il
rencontrait chez elle les Jumillac, les d'Ervilly, dont
les maisons l'accueillirent. Par quels miracles d'ordre
et de savoir-faire le jeune mondain parvint-il, avec
ses 1,200 francs de pension, à pourvoir jusqu'aux toi-
lettes du soir les plus correctes ? Les frugalités de bivouac auxquelles la vivandière de l'armée des princes
l'avait préparé n'y furent probablement pas étrangè-

res. Entamer le petit patrimoine de Besançon n'était pas un exemple à donner aux jeunes frères, et le tuteur eût perdu toute confiance dans l'imberbe Caton. Le jeune sage, « n'eût pas manqué de dire le châtelain de Gesier, » sans trop s'en étonner, « a succombé comme tant d'autres aux tentations de la capitale ». Et le digne tuteur, en mettant au premier rang les séductions d'une maîtresse, ne se fût pas trompé. Adolphe en avait une, la plus impérieuse de toutes : la science! Car les études de l'École de droit, approfondies, ne furent à ses yeux qu'un sillon tracé dans le champ de son érudition historique pour y semer les germes de toutes les connaissances humaines. Déjà le travail de son insatiable curiosité s'étendait aux langues, aux lettres, aux arts, avec une passion qui ne donnait accès à aucune autre.

La protection du maréchal de Viomesnil ouvrit facilement à son jeune parent la carrière de l'administration. En 1822, Adolphe de Circourt entrait au ministère de l'intérieur aux appointements de 1,500 francs, et les occupations qui lui furent assignées s'accordaient avec ses études administratives spéciales.

En 1827, il était sous-chef de bureau à 4,500 francs, position qu'il ne devait qu'à lui-même, car il avait eu le chagrin de voir mourir son puissant protecteur avant cette nomination. Deux ans plus tard, il se trouvait chef de bureau à 6,000 francs et presque aussitôt chef du cabinet de M. de La Bourdonnaye.

Quand ce ministre donna sa démission, son chef de cabinet le suivit dans sa retraite, mû par un sentiment qui tenait plus de la tradition féodale que des mœurs modernes. Il renonçait ensuite à une pension que le ministre, lorsqu'il l'avait attaché à sa personne, lui avait fait accorder par le roi. Le successeur de M. de La Bourdonnaye, M. de Montbel, lui écrivait à la date du 4 mai 1830 : « L'intention de ne plus recevoir la pension que le roi avait daigné vous assigner fait honneur à la loyauté de votre caractère et à la noblesse de vos sentiments. Je regrette que le parti que vous avez pris me prive du plaisir de vous prouver tout l'intérêt que vous m'avez inspiré et fasse perdre à l'administration les avantages qu'elle aurait retirés de vos talents et de votre instruction. »

Le seul regret de Circourt avait été celui de quitter un poste difficile au moment où l'orage de Juillet s'annonçait de plus en plus menaçant. Sa carrière ne devait cependant pas être longtemps interrompue. A proprement parler, il en recommença une nouvelle qui le mettait moins aux prises avec les agitations de l'époque, en entrant au ministère des affaires étrangères, où le prince de Polignac le faisait inscrire sur les cadres de la sous-direction politique de la 1ʳᵉ direction, aux appointements de 4,000 fr. « Les fonds disponibles, lui écrivait le prince, ne me permettent pas de vous assigner un traitement plus élevé dans ce moment, mais je compte assez sur les témoignages que M. de Boislecomte, sous qui vous serez placé,

me rendra de vous, pour vous affirmer, dès aujour-
d'hui, que je saisirai la première occasion de vous
assurer une position et un sort plus avantageux. »

Le large horizon des affaires étrangères convenait
spécialement à ses aptitudes ; toutes les questions qui
allaient se dérouler devant lui à ce moment, un des
plus brillants de la diplomatie française, étaient de
celles auxquelles l'avaient préparé ses études historiques les plus sérieuses, poursuivies, par l'amour de
la science, au travers d'occupations administratives,
à elles seules écrasantes. Il trouvait dans la même
direction MM. de Flavigny et de Viel-Castel, collègues distingués. Il s'y fit aussitôt remarquer par la
promptitude avec laquelle des connaissances qu'on
ne soupçonnait pas lui permirent de se rendre utile
d'une façon toute particulière. Ses résumés des documents les plus volumineux, souvent en langues
étrangères, étaient aussi rapidement faits que lumineux. Ils furent remarqués, et par le roi lui-même qui
se plut à le dire gracieusement plus tard au rédacteur,
dans une visite que Circourt se fit un devoir de rendre, à Prague, en 1835, au royal exilé.

Avec l'antécédent de sa démission à la retraite de
M. de La Bourdonnaye, on ne s'étonnera pas de
celle qu'il donna après le renversement du trône de
Charles X et le sort fait à ses ministres. Il était un
nouveau venu, sa position aux affaires étrangères
n'était pas celle de collègues qui, depuis longtemps,
appartenaient à ce ministère, à ses bureaux, à ses traditions. Manquait-il de confiance dans l'avenir d'une

monarchie démocratique sortie d'une révolution? Les
bienveillances personnelles du prince de Polignac et
du roi lui imposèrent-elles le devoir de renoncer à la
carrière vers laquelle il se sentait poussé? Il est d'autant plus permis de le croire que les instructions paternelles lui permettaient de ne voir que la France dans
un poste particulièrement propre à la servir alors.

Le puîné de ses deux frères, le comte Arthur, passé
de la Flèche à Saint-Cyr en 1822, était entré en 1826
comme sous-lieutenant au 6⁰ dragons, commandé par
le marquis de Podenas. Lieutenant au même régiment en 1830, il resta au service dans ce grade;
promu capitaine en 1839, il ne prit sa retraite
qu'en 1842.

Le comte Albert, embarqué en 1826 sur la corvette
la Victorieuse, avait d'abord fait une campagne d'instruction dans le Levant. Le jeune officier se trouvait
en 1828 à bord du vaisseau amiral *la Provence*, sur
lequel il prit une longue part au blocus d'Alger, et il
fit la campagne à bord de *la Didon*. Plus engagé que
ses frères dans les luttes d'opinions qui étaient alors
très vives dans la marine, on le voit démissionnaire
pour refus de serment en 1830. La même jeunesse
studieuse préparait en lui le futur auteur de l'*Histoire
des Morisques* et d'autres travaux remarquables. L'officier de dragons, distingué dans son arme, passait
pour très lettré. Il faisait des vers qu'il ne montrait
pas volontiers, mais qu'appréciait son compatriote
Charles Nodier, et se délectait dans les réunions de
l'Arsenal, où brillait Alfred de Musset, modeste et

charmant à ses débuts, à côté du grand et fier poète
qu'une halte de régiment avait fait naître à Besançon,
Victor Hugo, qui déjà ne chantait plus le roi, les lys
et le vieux drapeau de la France.

II

GENÈVE. ITALIE. VOYAGES. PARIS.

Deux étrangères, Mme de Klustine, née comtesse Tolstoï, et sa fille, dont la santé délicate ne supportait pas le climat de la Russie, comptaient de nombreux amis dans la société genevoise. La mère était une femme du monde distinguée. Mlle Anastasie de Klustine devait ses admirateurs à une culture d'esprit rare chez une jeune personne de son âge. MM. de Candolle et de Bonstetten avaient obtenu d'elle un travail, sans prétentions, sur la littérature et les littérateurs russes peu connus à cette époque. Ce travail, qui parut dans la *Bibliothèque universelle* sans nom d'auteur, fut reproduit par plusieurs publications françaises. Ces dames, retenues par une halte à Genève, y revenaient au printemps de 1830 après un assez long séjour en Italie. Dans l'été de 1826, elles avaient fait, aux Pyrénées, la connaissance de la marquise de La Tour du Pin-Montauban. L'hiver suivant, les relations devinrent à Paris de plus en plus intimes, et c'est dans le salon de sa cousine qu'Adolphe de Circourt fut présenté à la mère et à la fille comme un parent et un habitué de la maison. Sans être jolie, Mlle de Klustine était charmante. Il est permis de supposer que le jeune érudit apprécia le charme d'une conversation bien faite pour l'intéresser et le surprendre. Il n'était pas de ceux que l'auteur en jupons d'un article sur la littérature slave pût effrayer. La jeune Moscovite, de son côté, n'entendit certainement pas avec indifférence un jeune Français parler de son pays et de son histoire avec l'autorité d'études peu communes. Quelles furent les relations des jeunes gens après le départ de ces dames pour la Suisse et l'Italie? On peut les supposer. Deux frères de Mlle de Klustine, officiers russes, servaient dans le corps d'armée qui fit le siège de Varna où l'aîné disparut, mais sans qu'il fût retrouvé parmi les morts. C'était assez pour entretenir chez sa mère et sa sœur de vagues espérances. Adolphe de Circourt employa toutes ses relations aux affaires étrangères pour avoir des nouvelles. Son frère, qui croisait alors dans les mers du Levant, fit de vaines recherches du côté des Turcs. L'officier survivant éclaircit à la fin le mystère, écrivit à sa famille, ce qui ne permit plus aucun doute sur un malheur dont la certitude ramena Mme de Klustine et sa fille à Genève au printemps de 1830. Leur correspondance avec Adolphe n'avait pas été interrompue depuis leur départ de Paris. Le sacrifice d'une carrière, qui pouvait encore être brillante, aux sentiments d'une déli-

catesse peut-être excessive dont les exemples furent
nombreux à cette époque, honorait particulièrement
un jeune homme sans fortune. Il était fait pour tou-
cher Mme de Klustine, nourrie dans les traditions de
la vieille noblesse, et pour exciter dans l'âme naturellement généreuse de sa fille des pensées qui pouvaient y avoir germé déjà. Mlle de Klustine avait été
l'objet de beaucoup d'hommages, mais lorsqu'elle fit
savoir à Genève, où Adolphe de Circourt arriva au
mois de septembre, sur qui son choix s'était arrêté,
ses amis furent unanimes à y reconnaître autant de
jugement que de cœur.

Le mariage catholique fut célébré à Genève et le
grec à la légation de Russie, à Berne. L'argent ne pe-
sait pas si lourd alors qu'aujourd'hui dans les corbeilles
de noce. Les joyaux de la science du mari s'y trouvaient à leur place, à côté du diplôme de l'académie
des Arcades de Rome décerné à la jeune Anastasie
sous le nom de Corinne Borysthénide : docte souvenir
d'Hérodote et des rives enchantées du fleuve de la
Sarmathie.

Je connaissais Mme de Klustine et sa fille par Bonstetten, et je les avais rencontrées en Italie, où j'étais
avec ma famille, en 1829. Au moment où Circourt
arrivait à Genève, parmi les nouveaux émigrés parisiens de 1830, une de nos relations intimes, la comtesse
de Préville, que nous avions connue à Naples, se
trouvait sous notre toit avec ses deux filles. La
cadette devait épouser, deux mois plus tard, le fils de
Mme de Vezet, cousine de Circourt.

Le démissionnaire des affaires étrangères fut bien vite apprécié comme il méritait de l'être[1]. Bonstetten écrivit à la jeune mariée : « M. de Circourt voit en homme d'État, et il voit au premier coup d'œil ce que d'autres ne voient pas dans toute leur vie. » Il n'était que l'écho du jugement des hommes les plus compétents et des femmes distinguées que renfermait alors une société genevoise perdue de vue, depuis la rentrée de l'émigration, par le monde légitimiste français qu'une seconde révolution y ramenait. Le nouveau marié fut un des premiers à reconnaître, avec le baron d'Haussez, ministre exilé de Charles X, à quel point cette Genève de la restauration de 1814 ressemblait peu au tableau qu'on traçait d'elle, au dehors, dans une confusion où le puritanisme calviniste, les idées de Rousseau et les railleries de Voltaire confondaient encore les *tempêtes dans le verre d'eau* du dernier siècle avec l'école dite genevoise de celui-ci. Rien n'y blessait en 1830 les deux légitimistes aimablement accueillis; mais Circourt s'y trouvait encore mieux préparé par le patriciat de Besançon que M. d'Haussez par la Normandie.

Au printemps de 1831, Mme de Klustine fut appelée dans ses terres de Russie par d'importantes affaires.

---

[1] Il donnait, en arrivant, à la *Bibliothèque universelle* un article sur les chants populaires de la campagne de Rome recueillis par le baron Visconti et publiés, avec une dédicace du savant Romain, a l'*egregia Corinna Boristenide*. Circourt, avant son mariage, livrait à la même Revue un travail sur la littérature dramatique en Espagne.

Le trône de Juillet s'était consolidé sous le ministère de Casimir Perier. La jeune comtesse fut conduite à Besançon pour y être présentée à sa famille française. L'accueil n'était pas douteux. Le tuteur châtelain fit les honneurs du château de Gesier à la jeune mariée, et les bonnes tantes, ravies du bonheur de leur neveu, témoignèrent à celle qui l'avait distingué leur vive reconnaissance. L'élégante gagna tous les cœurs par le naturel, la simplicité et le *bon enfant* de ce début provincial.

Le moment d'aller chercher du soleil de l'autre côté des Alpes n'arriva qu'après les vendanges. Toute intelligence supérieure porte l'Italie *in petto*, comme le pape ses cardinaux. Circourt savait l'Italie d'un bout à l'autre et ne la connaissait pas ; sa femme la connaissait et ne la savait peut-être qu'imparfaitement. Tous deux y apportaient, avec une lune de miel du mont Hymette préparée à toutes les curiosités savantes, artistiques, littéraires et mondaines, la bonne fortune des agréables relations déjà formées par la mère et la fille. Il est curieux de voir, dès 1829, Mlle de Klustine y prendre la succession des lettres adressées à la comtesse d'Albani, à Mme de Staël et à Mme de Souza, par Bonstetten et Sismondi. Ces relations littéraires ouvrirent le monde des cours et des salons aux nouveaux mariés plus largement que ne l'avait pu faire le récent voyage de la jeune fille, troublé par les inquiétudes fraternelles de Varna. Bonstetten, l'auteur du *Latium* et de *l'Homme du Nord et du Midi*, comme Sismondi l'historien des

Républiques italiennes, étaient restés les amis de toutes les supériorités ultramontaines de cette époque. Ils avaient entendu dans leur jeunesse Corinne au cap de Misène, et le salon de Coppet n'eut pas de plus fervents habitués. Le patricien bernois, phénomène de transformation germanique, émule sans lourdeur de Boufflers, avec sa tournure d'esprit et sa plume française, sortait de l'école de Coppet par la porte d'or des poètes philosophes : Sismondi, grave modèle des grands convaincus de l'école libérale, le plus sincère et le plus honnète des humains, était descendu du château par le grand escalier de marbre des historiens, des politiques et des économistes ; chacun d'eux recommandait les jeunes voyageurs à ses amis personnels. C'est ainsi que des relations s'établirent, par Sismondi, avec Cicognara, le général Filangieri, Blanco et Gino-Capponi. Bonstetten les mit en relations avec Manzoni, Rosini, et les introduisit à la petite cour des souverains de la Toscane, à Florence, où le palais de la charmante famille genevoise des Eynard était ouvert au monde européen le plus brillant de cette époque. Ils ne retrouvaient plus M. de Chateaubriand à Rome ; mais Xavier de Maistre était encore à Naples. J'avais donné à Mme de Klustine, au précédent voyage, une lettre pour ce vieil ami de ma famille qui se trouvait alors à Pise. Lamartine, que Circourt connaissait depuis longtemps, n'était plus à Florence où il avait rempli les fonctions de premier secrétaire à la légation de France. Le poète laissait en Toscane de nombreux amis. De ce nombre était la comtesse de

Bombelles. « Voyez Ida », écrivait Bonstetten aux voya-
geuses de 1829. Ida, devenue Mme de Bombelles, était
la fille de l'amie la plus intime du patricien bernois :
Mme Brun, Danoise très distinguée. Le comte de
Bombelles représentait l'Autriche près du grand-duc.
Dans mon enfance, j'avais connu la charmante Ida à
Lausanne où elle eut des succès européens, dans le
salon de Mme de Staël, par des poses plastiques qui
rivalisèrent avec celles de la fameuse lady Hamilton,
la fatale amie de Nelson. Mme Brun publiait en 1829
ses correspondances avec Bonstetten, Mattison et
Mme de Staël, sans y avoir été autorisée. Bonstetten
s'exprime sur cette trahison, dans une lettre à Mlle de
Klustine, en termes qui me défendent une indiscré-
tion pareille avec la volumineuse correspondance de
sa main que j'ai sous les yeux. Je serai moins scrupu-
leux pour les lettres de Sismondi qui appartiennent
plus particulièrement à l'histoire politique et littéraire
du siècle.

On se figure facilement ce que fut un séjour de
trois années en Italie pour les deux époux. La comtesse m'écrivait : « Adolphe travaille, observe, étudie. »
Bonstetten avait écrit à sa jeune amie : « Allez dans
le monde, mais ne toilettez pas trop. Cette vie est le
vol d'Icare, ayez soin de vos ailes. »

L'été de 1834 se passa en partie à Plombières.
Une lettre, que je reçus de là, m'apprit qu'ils y retrouvaient le frère aîné de Camille de Cavour. La relation s'était faite par les de La Rive et par deux Genevoises, l'une mère et l'autre tante du futur ministre :

la comtesse de Cavour et la duchesse de Clermont-Tonnerre. Camille, après avoir donné sa démission d'officier du génie, ne s'occupait alors que d'économie politique et d'agriculture.

Après avoir passé l'hiver à Besançon, où Mme de Circourt sut se plaire et se faire apprécier autant qu'à Genève et à Florence, le ménage fit une apparition à Paris en 1835, avant d'entreprendre un voyage de longue durée en Allemagne et en Russie. Avec les lettres qu'il emportait de Paris celles qu'il devait trouver à Genève ne lui furent pas moins utiles. Bonstetten n'était plus. Mais Sismondi, les fils de M. Pictet de Rochemont qui avait représenté la Suisse au Congrès de Vienne, MM. de Candolle, Frédéric de Châteauvieux, le comte de Sellon, Mme Necker de Saussure, cousine de Mme de Staël, et Mme Rilliet-Huber son amie, étaient en relations suivies avec ce que le monde étranger comptait alors de plus distingué et de meilleur à connaître. Je ne m'étendrai pas sur ce voyage dans lequel se formèrent les liaisons mondaines et savantes que le mari et la femme ont précieusement conservées. Je ne fais d'exception que pour l'hiver de 1835 à 1836, qu'ils passèrent à Dresde dans la société du prince Jean, futur roi de Saxe et savant commentateur du Dante.

Le moment le plus curieux et le plus instructif pour visiter le Vésuve est celui où les laves ne sont pas encore réfroidies. Circourt, après le grand événement européen de 1830, eut pendant les sept années de ses voyages la bonne fortune, pour un observateur tel que lui, de pouvoir jeter les yeux sur les crevasses et les fissures encore béantes et fumantes autour du cratère d'alors. Mais, pour pareille et complète étude, la position privilégiée qui ouvre les portes des cours et des salons ne suffit pas. Il faut pousser l'étude aux régions moyennes, savantes, lettrées, et descendre même plus bas encore. Le démissionnaire des affaires étrangères avait appris la langue diplomatique à cette école, le gentilhomme savait celle dont la bonhomie et la bienveillance mettent à l'aise les plus humbles, et, parlant toutes les langues de l'Europe, il inspirait partout une égale confiance. Des jambes infatigables lui permirent l'exploration des villes et des campagnes comme celles des bibliothèques et des musées. Son insatiable curiosité, toujours éveillée, et la pensée constamment préoccupée des plus grandes questions, on ne s'étonnera ni du profit qu'il tira de pareilles études, ni de l'influence d'un tel vaste horizon sur la justesse des prévisions politiques dans lesquelles il ne perdit jamais de vue son pays.

Les voyageurs ne se fixèrent définitivement à Paris qu'en 1837. Ils y retrouvaient le trône de Juillet affermi par la rentrée de la France dans le concert européen. L'empereur Nicolas seul s'y prêtait de mauvaise grâce, et, parmi les étrangers revenus dans la capitale, les Russes furent les moins nombreux.

L'honorable démission de Circourt n'était pas oubliée. Il ne retrouvait ni le maréchal de Viomesnil, ni sa fille, mais leur monde, revenu des premières terreurs de 1830, lui fit le meilleur accueil. Dans ses courtes apparitions à Paris, il avait présenté sa femme à cette élite de la société légitimiste. Elle y fut définitivement acclimatée aussi promptement que peut l'être une étrangère devenue Française. On savait de longue date la valeur du mari. La comtesse passait simplement pour une personne aimable, d'un esprit distingué. La réputation de bas bleu ne l'avait pas précédée, heureusement. L'étoile de Corinne Borysthénide ne brillait dans tout son éclat qu'à Genève et de l'autre côté des Alpes. Les correspondantes de Sismondi, Mmes de Sainte-Aulaire, de Broglie, de Castellane, de Boigne, de Dolomieu, appartenaient au monde rallié. Le bon Genevois ne voyait pas de loin les nuances, et son admiration pour l'esprit des salons de Paris confondait le passé et le présent, d'avant et après 1830, dans un même culte. Une de ses lettres à Mme de Circourt montre le grave historien sous un jour nouveau. Après avoir rappelé ses anciennes relations avec Mme la duchesse de Duras, Mmes de Lévi, de La Tour du Pin, de Bérenger, de Chabot, de Maillé : « J'ai trop vécu en peu de temps, dit-il; après cinq mois d'une existence animée, d'un festin continuel de l'esprit, tout me paraît fade et décoloré. J'ai conservé quelques correspondances à Paris, et ma pensée y est beaucoup plus que je ne voudrais. C'est folie que de vivre ainsi, je le sens bien. »

Ces souvenirs, auxquels il revenait sans cesse dans ses lettres, préparaient sa jeune amie au Paris charmant et au rôle qu'elle se promettait bien d'y jouer.

Bonstetten lui avait prédit depuis longtemps que Paris était fait pour elle; non point comme la fleur pour le papillon, mais par ses meilleures et ses plus aimables attractions. Il ne la confondait pas avec d'autres dames russes qu'il avait connues : « Rien de plus papillon, disait-il. La marche de leur esprit a tout le vague du volatile léger dont elles ont souvent tout l'éclat. Elles volent de fleurs en fleurs; un souffle suffit pour les déplacer de ce qu'elles aiment. Ces âmes vont flottantes, parce qu'elles n'ont jamais senti le lest de la nécessité. »

L'éducation et la vie un peu factice d'un reflet oriental préparaient alors, plus qu'aujourd'hui, les dames russes à confondre la réalité et l'impossible, dans les hardiesses qui ne doutent de rien. Mme de Circourt fut favorisée par des circonstances particulières dans l'entreprise très hardie qui lui réussit : celle d'avoir un salon. Les bons conseils des meilleurs guides ne lui firent pas défaut. Son mari appartenait au parti qui reprenait un rôle mondain, sinon politique. L'origine étrangère d'une maîtresse de maison sans attaches antérieures et ses qualités personnelles furent aussi pour une large part dans le succès si prompt et si complet du salon de la rue des Saussayes. Le concours actif de Circourt n'y fut d'abord pour rien. Il redoutait cette mise en scène et ne croyait pas au miracle de recevoir, sans maison montée, dans le plus modeste

des appartements d'un troisième étage, la société la
plus brillante de Paris. Leur jolie aisance ne lui
paraissait pas comporter quelque chose de pareil.
Mais il connaissait assez le savoir-faire de la comtesse
pour ne point s'étonner, bientôt, du plein succès de
cette entreprise à laquelle l'aimable étrangère sut
donner un caractère tout particulier.

Le moment était favorable. La transformation
politique étant accomplie, la sociabilité réclamait ses
droits à la causerie spirituelle et à la reprise des habitudes dérangées par les bouderies. Les portes entre-
bâillées rappelaient les intimes et les fidèles que
l'invasion des mœurs politiques et du sport anglais
n'avaient pas poussés dans les clubs. Les grands politiques du nouveau régime, M. Guizot, le comte Molé,
le chancelier duc Pasquier, régnaient sur les petits
comités de la princesse de Lieven, de Mme de Castellane, de Mme de Boigne, comme Chateaubriand à
l'Abbaye-aux-Bois sur Mme Récamier et ses derniers
amis. L'influence des Égéries était simplement dans
le philtre de l'admiration ou dans le baume sur les
blessures. La duchesse de Broglie, Mme de Sainte-Aulaire, avaient leurs salons ; les diplomates l'entresol de
Mme de Courbonne. Le charmant trio de Mme Gabriel
Delessert, née de Laborde, et de ses deux sœurs ne
saurait être oublié. Toutefois le besoin de rapprochements plus ouverts se faisait sentir.

Le monde légitimiste était resté presque tout entier en dehors de la réorganisation orléaniste et demi-
politique, au moment où les traditions mondaines s'y

réveillèrent. Le salon de Paris fut toujours, dans les voyages orageux au travers des révolutions, l'oasis et le refuge, avec son ombre et sa source intarissable. Il ne le devint jamais aussi réellement qu'à cette époque de transformations profondes où, de chaque débris des trônes du passé, sortait un temple ouvert à de nouveaux cultes. Les portes de celui de la Bourse furent assiégées et la langue qu'on y parlait parut aussi menaçante pour les salons que l'agiotage pour les fortunes. C'était plus qu'il n'en fallait, avec la coalition des maîtresses de maison les plus vigilantes, pour rappeler des égarés. A peu d'exceptions près, les divisions entre les partis monarchiques n'ont jamais empêché des personnes du même monde de se voir, ni complètement brisé les liens de famille; pas plus alors que depuis, sous l'Empire. Ainsi s'explique la résurrection de ce qui n'était pas mort. Les symptômes de l'agonie ne se sont montrés que beaucoup plus tard, et le salon de la rue des Saussayes appartient particulièrement aux derniers jours d'un long règne. Cette royauté mondaine devait fatalement subir le sort des royautés françaises dans une monarchie où elle a tenu sa place historique. Sous Louis-Philippe, et dans les premières années du second Empire, le salon parisien eut l'éclat des rayons d'un soleil couchant avec les droits des luttes suprêmes aux mentions les plus honorables.

Salon, comme noblesse, oblige. Aussi celui de Mme la duchesse de Rauzan, fille de Mme la duchesse de Duras, fut-il un des premiers à rappeler ses intimes

et ses habitués. De vieux amis de l'auteur d'*Édouard*
et d'*Ourika,* ralliés, comme le comte de Salvandy, au
nouveau gouvernement, y reçurent un accueil qu'ils
ne retrouvaient pas partout. On ne s'étonna pas de voir
une étrangère, comme Mme de Circourt, pousser plus
loin un exemple qui ne devint pas aussitôt général.
Avec la jeunesse, qui réclamait discrètement les plai-
sirs de son âge, les salons qui reprirent leurs habitudes mondaines furent ceux de Mme la duchesse de
Maillé, de la duchesse Pozzo di Borgo, née de Crillon,
de la marquise de Bellissen, de la comtesse de La
Bourdonnaye, de la comtesse Stanislas de Girardin,
de la comtesse de Vogüé, de la vicomtesse de Noail-
les, de la comtesse de Ségur d'Aguesseau, de Mme de
Chatenay, de Mme Letitier. J'ai dit plus haut ce qui
appartenait particulièrement au monde orléaniste,
dont le salon de Mme de Rumford réunissait des habitués sans couleur trop politique. Deux ambassades,
terrain mixte neutralisé par le tact exquis de Mme la
comtesse d'Appony pour l'Autriche et, pour la Sardaigne, par la marquise de Brignole-Sales, mère de
la marquise Ferrari, depuis duchesse de Galliera, en-
courageaient à des rapprochements que la diplomatie
européenne couvrait d'un élégant manteau. Je ne
parle pas de plusieurs maisons ouvertes au même
monde sans jours fixes aussi réguliers, cela me mè-
nerait trop loin. L'hôtel de Luynes eut un moment
ses mercredis. Le salon de Mme de Flahaut fut celui
d'une grande dame anglaise, neutralisé comme les
ambassades. Mme Émile de Girardin habitait son

hôtel des Champs-Elysées, temple grec, bâti par le duc de Choiseul-Gouffier, où la muse recevait les hommages de toute la pléiade littéraire d'alors. Les grands artistes n'y faisaient pas défaut; Lamartine s'y montrait souvent. Lorsque sa femme était à Paris, elle recevait tous les soirs leurs intimes et les admirations françaises et étrangères. Je reviendrai plus loin sur un dernier éclat des salons sous la Présidence et sous le règne de Napoléon III, quand plusieurs illustrations politiques et littéraires leur donnèrent un dernier lustre crépusculaire dans les préludes de l'agonie. Après 1830, le complément de cette grande sociabilité fut, chez quelques maîtresses de maison, les réceptions de quatre à six heures. Les nouvelles à la main du dernier siècle donnent assez l'idée de la publicité journalière du temps dont je parle, comparée à celle d'aujourd'hui; ce qui prêtait aux nouvelles du jour, politiques, littéraires, françaises et étrangères, une importance et un intérêt de causerie, un besoin d'informations qui n'existe plus.

La cour comptait pour peu dans le grand monde. La haute piété de la reine, la vie de famille des Tuileries et de Saint-Cloud, le roi suivant des yeux ses vaillants fils aux bivouacs de l'Algérie, la politique d'en haut, les émeutes et les régicides d'en bas, ne laissaient au monde officiel ni les loisirs, ni les libertés d'esprit dont jouissaient les irresponsables.

Les réceptions de quatre heures de la rue des Saussayes furent aussi recherchées et suivies que celles du mardi soir. La comtesse travaillait activement à les entretenir. Les petits billets du matin allaient chercher ceux-ci, stimuler ceux-là. Toujours occupée des autres, elle sollicitait l'invitation pour l'étranger ou le protégé, l'article de revue ou de journal pour l'auteur, la protection d'un influent pour le méritant ou l'inconnu. Elle abouchait les gens faits pour se convenir. Rien ne lui coûtait pour attirer chez elle une célébrité et l'entourer d'admirateurs. Elle travaillait avec la même ardeur aux conciliations. Le tour de force alla plus tard jusqu'à mettre le pestiféré Camille de Cavour en présence de ses plus mortelles ennemies. Circourt prit goût cependant à ce qui attirait chez lui les supériorités du monde savant et littéraire. De nombreuses relations dans les hautes sphères européennes amenaient chez sa femme des illustrations qu'on eût vainement cherchées ailleurs. Je ne serai contredit par personne en disant que l'éclectisme français et le cosmopolitisme étranger du salon de la rue des Saussayes lui assignent une place à part, et j'ajoute unique, dans l'histoire des salons de Paris. Une étrangère pouvait seule tenter cette innovation sans exemple dans le passé, sans imitation dans le présent.

Les prévisions de Circourt le disposaient-elles à croire que son pays ne pouvait que gagner à conjurer des orages par le rapprochement des hommes supérieurs des grands partis et des appréciations plus justes sur les supériorités étrangères? En y aidant modestement, regrettait-il de voir peu de grandes existences parisiennes imiter des exemples qui, de-

venus de plus en plus rares, n'ont pas été sans influence sur la politique intérieure et extérieure de la
France ?

Au rebours de ceux qui écrivent avant de savoir,
Circourt voulut énormément savoir avant d'écrire.
Jusqu'alors, il s'était peu prodigué comme écrivain;
mais, depuis cette époque, l'activité de sa plume fut
toujours croissante. Les pays étrangers tiennent une
large place dans ses œuvres. On ne s'en étonnera pas
après ce que je viens de dire sur le prix qu'il attachait
aux élargissements des horizons.

Son frère Albert, qui depuis qu'il avait quitté la
marine se préparait à des travaux sérieux, ne
devait commencer qu'en 1842 son *Histoire des Morisques* en trois volumes publiés beaucoup plus tard.
D'autres travaux de moindre importance, donnés par
lui sous la même initiale A que celle du prénom
d'Adolphe, ont causé une confusion qui s'est repro-
duite souvent dans les comptes rendus d'ouvrages, et
dernièrement encore dans des biographies où les
deux frères ne font qu'une seule personne. Un troisième A eût compliqué la méprise, si le capitaine de
dragons, Arthur, eût montré, autrement que par des
travaux inédits, ce que le lycée de Besançon avait
fait des trois frères.

III

ITALIE. FRANCHE-COMTÉ. PARIS.

M. Saint-René Taillandier a publié les correspondances de Bonstetten, et de Sismondi surtout, avec
la comtesse d'Albani, veuve du prétendant Charles-
Édouard. Les lettres des mêmes correspondants,
adressées à Mlle de Klustine, devenue Mme de Circourt,
sur les mêmes sujets, sont, après quelques années,
comme une suite qui les rattache à l'histoire politique,
littéraire et mondaine de notre temps.

« Quant aux nations, écrivait Sismondi dans une
de ses dernières lettres à la veuve du dernier Stuart,
je n'estime hautement que l'anglaise. Après celle-là,
qui me semble hors de pair entre toutes les autres,
c'est la française que je préfère. Je souffre pour elle
lorsqu'elle souffre et, encore que je ne sois point
Français, mon orgueil se révolte lorsque son honneur
est atteint..... Je sens, dans les revers de la France,

combien je lui suis attaché, combien je souffre de sa souffrance..... L'indépendance du gouvernement et les droits politiques font les peuples : la langue et l'origine commune font les nations..... Mille intérêts communs, mille souvenirs d'enfance, mille rapports d'opinion tiennent ceux qui parlent une même langue, qui possèdent une même littérature, qui défendent un même honneur national. »

On sait le rôle que Sismondi joua pendant les Cent jours. Son examen de la Constitution française, publié dans le *Moniteur*, était à la fois un vigoureux plaidoyer en faveur de l'œuvre à laquelle Benjamin Constant venait d'attacher son nom, et un manifeste destiné à l'éducation libérale de la France. Napoléon s'y trompa ; il voulut voir et remercier Sismondi. L'entrevue eut lieu le 3 mai 1815 à l'Élysée. La conversation, qui se prolongea sous les ombrages, fut aussi curieuse qu'elle est instructive : vive, emportée d'un côté ; étonnée, naïve, convaincue de l'autre. « Sismondi, dit M. Taillandier, parla comme un de ceux qui, au-dessus de la patrie terrestre, en ont encore une autre : la religion de principes, l'ordre divin de la liberté politique et de la justice sociale. »

Lequel des deux vit et ne vit pas ses prévisions le plus complètement déjouées par les événements ? Devant l'un, si près de lui, le voile s'étendit sur Waterloo et Sainte-Hélène ; devant l'autre, sur la Restauration, 1830, la République de 1848, le second Empire et ce qu'on a vu depuis.

La correspondance de Sismondi avec une étran-

gère reprenant celle qu'il avait eue avec la veuve du
Prétendant débute en janvier 1829, dix-huit mois
avant la révolution de 1830, par l'illusion la plus
complète sur la France et l'Europe. De 1830 à 1843,
le reflet des événements, dans le miroir fidèle et franc
de ces épanchements intimes, est certainement, chez
l'historien, le chapitre le plus curieux de l'histoire
politique, religieuse, économique et littéraire moderne,
qui soit sorti de sa plume.

A MADEMOISELLE DE KLUSTINE A PISE.

« Genève, 11 janvier 1829.

« Je ne saurais vous dire, mademoiselle, combien
j'ai été touché de votre jolie lettre. Il y avait en moi
plus que de la reconnaissance; j'éprouvais beaucoup
d'émotion de ce que vous pensiez aux autres et que
vous cherchiez encore à être aimable pour les autres,
tandis que ceux qui vous ont connue n'ont qu'un désir,
celui de vous distraire de vos anxiétés fraternelles. Je
porte envie à M. Rosini, s'il peut un peu y contribuer.
Bonstetten, Rossi, de Châteauvieux, tous nos *lions,*
comme on dit à Londres, sont occupés de vous, et je
n'ai que de bonnes nouvelles à vous donner de la
ménagerie..... De moi, il y a bien peu de choses à
dire. Je continue à nager dans cette mer sanglante,
agitée, brillante, sombre et toujours houleuse de
l'histoire de France, et je ne reprends courage, je ne
sors du découragement extrême qu'avec la pensée que

les Français sont arrivés au port, que ce port est la liberté, et que les autres peuples, qui en sont bien loin encore, verront peut-être avec plaisir que le chemin si long, si pénible, si rebutant qui leur reste à faire, a été franchi par des peuples qui ne valaient pas mieux qu'eux. Dans un mois, vous lirez peut-être avec quelque intérêt dans la *Revue encyclopédique* un article de moi sur la guerre des Russes dans le Levant. »

Les lettres conservées de cette correspondance, très active dans l'année 1829, témoignent du vif intérêt que des études, qui n'étaient pas seulement littéraires, inspiraient à l'historien. En dehors de ses relations genevoises, la jeune Moscovite en avait eu d'intéressantes avec des célébrités d'alors, entre autres avec le publiciste et jurisconsulte anglais Bentham et sa famille. Dans l'éducation littéraire de son amie, Sismondi comprime ses élans peu réfléchis pour des œuvres nouvelles et forme son écolière aux sévérités d'une saine critique. On y trouve une étude comparative de deux romans italiens d'alors, les *Promessi sposi* de Manzoni et la *Monaca* de Rosini, un peu sévère pour ce dernier, d'une grande admiration pour le premier, et sur les deux œuvres d'imagination des considérations élevées qui les rattachent au pays qui les avait si diversement inspirées.

A MADEMOISELLE DE KLUSTINE A ROME.

« Genève, 10 janvier 1830.

« Vous avez un lien, par vos amis Bentham, avec
la secte des utilitaires. Je ne sais s'ils se sont occupés
de vous inculquer un système de philosophie qui n'a
jamais été le mien ; je ne doute pas qu'il ne sombre
rapidement. Cette philosophie de l'intérêt, lorsqu'elle
veut appliquer les sentiments nobles et élevés, descend
presque aux jeux de mots ; elle nomme intérêts la
satisfaction des penchants les plus purs, les plus
désintéressés de l'âme ; elle vous amène enfin à conclure que son langage seul est nouveau, et qu'elle n'a
voulu dire que ce que tout le monde s'honore de penser et de sentir. Mais alors, pourquoi ce nouveau langage, si les idées ne sont pas nouvelles? pourquoi
retrancher les mots de vertu, de devoir, de morale, si
l'on veut garder la chose? Vous lirez leur polémique,
leurs attaques, la défense de sir James Mackintosh et
ce que j'en dis, quand vous nous reviendrez..... »

A MADAME LA COMTESSE DE CIRCOURT

A NAPLES.

« Chênes, près Genève, 1er juillet 1832.

« ..... Combien de flambeaux qui brillaient de la
plus pure lumière se sont éteints, depuis que je ne

vous ai vue. Notre Bonstetten n'est plus. Mon beau-
frère, sir James Mackintosh, qui nous avait reçus à
Londres, il n'y a pas trois mois, avec une hospitalité si
bienveillante, cet ami de tout ce qui était grand et
noble ; Bentham, déjà mort depuis qu'il était forcé de
ne plus écrire ; Cuvier, Walter Scott, Gœthe, Casimir
Perier ; amis, relations, tout a disparu, et je ne puis
point distinguer, dans la génération qui s'élève, rien
qui me console de pareilles pertes. Lorsque j'étais à
Naples, il y a vingt-cinq ans, avec Mme de Staël, j'ai
connu l'archevêque de Tarente ; le jugement le plus
sain, la raison la plus ferme. Je serais bien flatté s'il
se souvenait encore de moi. La politique ajoute à ma
tristesse. Je suis indigné des mesures qu'a prises le
gouvernement français : l'état de siège et la suppression de la Constitution ; les mesures révolutionnaires
contre le peuple, et MM. de Chateaubriand, Hyde
de Neuville. Je ne vois que fautes et dangers, de
quelque côté que je porte mes regards vers l'Europe.
Je ne vois personne ici, pour éviter toute discussion
avec mes meilleurs amis..... »

A LA MÊME, A NAPLES.

« Chênes, 30 juin 1833.

« .... Que de souvenirs Naples réveille en moi !
Mme de Staël et tant d'amis qui ne sont plus. Ma vie
a été favorisée par le sort ; mes plus grandes douleurs,
mes plus grandes inquiétudes ont toujours tenu à des

idées générales. Je souffre pour la Pologne. Je souffre
pour l'Italie et pour rien qui me soit personnel ; mais
mes espérances de jeunesse m'abandonnent les unes
après les autres ; je m'attriste de voir que ma longue
expérience politique, au lieu de me faire voir plus
clairement les moyens de faire le bien, n'accumule
pour moi que des doutes et complique les difficultés
de la science..... De Candolle revient de Paris ; il
admire fort le juste milieu que je n'admire guère....»

A LA MÊME, A ROME.

« Chênes, 8 mars 1834.

« ..... Nous avons eu une agitation assez vive,
causée par la folle tentative des Italiens et des Polonais à la frontière de la Savoie.... Il y avait absurdité
d'avoir allumé la guerre, il y a trois ans, quand tous
les gouvernements voulaient la paix et encore avec le
singulier oubli des sentiments populaires actuels.....
Tout enthousiame est dissipé par le résultat surtout
de la Révolution française qui n'a répondu à aucune
espérance. On accuse trop Louis-Philippe et pas
assez la nation, la composition de la Chambre et les
tendances générales du pays. Il y a beaucoup encore
à apprendre en science politique avant de passer aux
applications. Les autres nations auront grande raison
de dire aux Français : Terminez votre expérience, que
nous vous voyons recueillir des fruits avant que nous
songions nous-mêmes à défoncer nos champs. »

A LA MÊME, A ROME.

« Chênes, 28 septembre 1834.

« .... Je suis profondément touché des souffrances des classes ouvrières ; quelquefois elles se présentent à moi avec assez de vivacité pour me faire éprouver des remords de toutes les jouissances que je me permets, tandis que des ouvriers sont privés du nécessaire ; alors je m'effraie davantage du progrès de misère dont l'organisation actuelle de la société les menace et de la lutte effroyable par laquelle ils s'efforceront peut-être d'échapper à ces angoisses, sans y réussir ; et je désire ardemment de faire impression sur les esprits et d'arrêter du moins ceux qui fouettent les chevaux qui nous emportent déjà. Je termine deux articles sur les devoirs du prince dans les pays libres et un troisième sur les réfugiés et les devoirs dans l'asile qu'on leur donne. Je médite aussi quelque chose sur les devoirs actuels des aristocraties constitutionnelles. »

A LA MÊME, AU CHATEAU DE GESIERS,
BESANÇON.

« Chênes, 16 novembre 1834.

« ..... Je remercie M. de Circourt des détails qu'il a eu la bonté de me transmettre sur l'état des

paysans dans la Franche-Comté. Ce n'est pas seulement comme statistique qu'ils ont vivement excité
mon intérêt. Ils m'ont donné la jouissance que cause
la vue du bonheur dans une classe nombreuse d'hommes et d'un bonheur qui de sa nature est durable,
d'un état social qui a en lui-même les conditions de
stabilité; tandis que dans tant d'autres pays, dans ceux
qui justement passent pour les plus prospères, on voit
presque toutes les professions incertaines sur leur
lendemain, et l'on ne saurait s'associer à leur joie
lorsque le salaire est abondant, parce qu'au fond ce
n'est qu'une erreur pour s'étourdir sur une condition
si précaire. Mais, chère comtesse, ce calme sous le
chaume que la neige va bientôt couvrir vaut-il pour
vous l'Italie ? Rentrez à Besançon. Vous n'avez pas plus
de goût pour les chasseurs que je n'en avais en Angleterre. Je ne suis pas tranquille sur vos jouissances
intellectuelles : il vous faut celles des capitales. Vous
avez dit adieu à la Russie sans adopter la France, et les
affections de M. de Circourt l'empêchent de vouloir être
un agent actif, un des représentants du pouvoir social.
Retournez au soleil d'Italie. Je ne sais comment j'ai
gagné l'épithète de sérieux ami que vous me donnez.
Je crois cependant que je la mérite, car je suis grand
moraliste par lettre ; grand donneur de secours et de
conseils et sérieux avec vous en vous entendant parler
de vous éloigner davantage et de ne plus nous revenir.
Et puis, c'est aussi l'apathie dans laquelle je tombe.
Rien ne m'éveille et ne m'intéresse vivement. Je me
souviens du bon temps de Coppet, où nous nous pas-

sionnions tour à tour pour la métaphysique et la littérature allemande, où chaque livre nouveau faisait
un événement, où les conversations du déjeuner se
prolongeaient de dix heures à une heure, où celles du
soir duraient souvent jusqu'à deux heures après minuit,
parce qu'il n'y avait pas une des questions de littérature, de morale, de politique ou de philosophie, sur
laquelle nous ne nous sentissions passionnés et pleins,
non seulement de convictions, mais d'espérances. Et
je me demande où en est à présent le moi d'alors?...
Nous avons ici une assez aimable Anglaise, lady
Osborne, qui devient folle cependant de rigorisme
calviniste et qui nous assiège de controverse; plus,
une très jolie personne de dix-huit ans, Mlle de Saint-
Marsau, qui tranche avec son orthodoxie catholique
d'une manière que son joli visage rend plus piquante
encore. Puis des prédicateurs anglicans, séparatistes,
méthodistes, au milieu desquels je me trouve lancé,
je ne sais comment, et je me sens poussé dans la controverse, parce que c'est la seule chose qui semble
vivre encore tandis que tout le reste est mort. Ce
n'était point autrefois l'esprit de vos amis genevois;
mais un voile toujours plus sombre semble s'appe-
santir sur la société où vous avez vécu ici. De Candolle, sans être malade, est affaibli, découragé. En
voilà plus qu'il en faut pour expliquer le sérieux ami.»

Le découragement du sérieux ami ne trouvait
plus dans un monde déjà nouveau, non seulement à
Genève, mais à Paris, les sympathies qu'il trouva
toujours vives et sincères chez sa fidèle amie.

A LA MÊME, A PARIS.

« Chênes, mars et mai 1835.

« ..... Je vous remercie de tout ce que vous me dites sur mon *Prince*. Je prépare mes constitutions monarchiques, républicaines et fédératives ; mais à quel succès prétendre quand on se sépare de toutes les opinions et de tous les partis ?... Fait-on toujours des lectures à Paris ? Je n'oublierai jamais celle de deux tragédies de Lemercier et ces soirées, auxquelles je ne pense pas sans effroi, chez Mme de Duras. A Clodomir, Mme de Staël nous sauvait tous de l'embarras des compliments. « Mais, mon cher Lemercier, cria-t-elle au poète, c'est abominable, c'est la chose la plus odieuse que vous ayez jamais faite », et s'emparant de la parole elle lui détaille avec feu tout ce qu'il y avait de souffrance pour le spectateur et d'immoralité pour le poète à dérouler sur la scène des crimes horribles. On était alors au dégoût de la politique comme à présent.... Donnez-moi des nouvelles de Mme de Sainte-Aulaire. Avez-vous vu Mme de Dolomieu ? Nous avons beaucoup joui de la société de la reine Hortense ; il est impossible de mettre plus de bonté et d'amabilité dans le commerce de la vie, elle me ramène aussi à Paris. Elle part pour Arenenberg et non pour l'Italie. »

« Pescia, Toscane, 8 juin 1836.

« ..... Nous parcourons beaucoup les sites les plus

reculés de cette province près de l'État de Lucques avec lequel elle confine. Nous jouissons alors vivement de l'admirable beauté du pays et du bonheur de ses plus humbles habitants. Quand je rencontre aussi par hasard quelques habitants du monde vivant : Gino-Capponi, Nicolini, Giusti, que vous connaissez je crois tous trois, je jouis du nouveau et honorable mouvement des esprits et du désir universel de réformer le pays, non par la violence, mais par le progrès des mœurs et des lettres, par de bonnes études qui commencent à devenir universelles, par le zèle qu'on trouve chez tous pour les institutions perfectionnées, pour la charité et toute cette infusion de quelque chose d'élevé, de sérieux et de noble dans la conversation de toute la jeunesse. Serait-il donc vrai que ce qu'il y a de mieux pour l'espèce humaine, ce n'est pas d'être, mais de vouloir devenir ?.... J'ai, comme vous pensez, beaucoup de temps ici pour le travail. Mais ma capacité d'application et de travail diminue. Je suis loin de ma bibliothèque et de ceux qui pourraient m'exciter. Il a fallu renoncer ici à mon histoire de France, peut-être n'y ai-je pas grand regret. J'ai peu de plaisir à déshabiller des héros de théâtre ; c'est une toilette que j'ai dû faire assez mal volontiers à Henry IV..... Je retravaille mes petites brochures, ajoutant, retranchant, refaisant à neuf. J'appelle cela mes études sur les sciences sociales. Je désire vivement savoir ce que M. de Circourt aura pensé de mes études sur les institutions des peuples libres. Je craignais qu'elles n'excitassent contre moi un orage. A présent il me semble qu'on a pris le parti bien plus mortifiant de les passer sous silence... »

« Florence, 31 décembre 1836.

« ..... Je ne sais quels de mes amis vous verrez à Paris. Il me semble comprendre que les passions politiques s'assoupissent ; que la haute société sent l'envie de se réunir et de jouir. Si vous connaissez Mmes de Boigne, du Roure, de Châtenay, de Castellane, qui sont plus ou moins attachées à la nouvelle cour, veuillez me rappeler à leur souvenir. Paris est bien changé depuis que je l'ai quitté. Tous ces pays, où j'ai vécu et auxquels j'étais attaché par tant de liens, me paraissent à présent comme de vieilles ruines qui se dessinent dans l'horizon, au travers desquelles on voit le ciel par tant de brèches et de fenêtres qui ne se refermeront plus...»

« Rome, 10 avril 1837.

« .... Je vous vois assurer votre rang à Paris parmi les êtres les plus distingués que j'aie jamais connus, sans négliger celui d'une femme aimable, sans jamais cesser d'allier, comme vous le dites, le monde de la pensée à celui de la mode. Vos lettres, qui mesurent avec tant de justesse le progrès des opinions et la direction des sentiments publics, sont en même temps la plus aimable et la plus familière causerie. Je ne sais que conclure du changement de caractère dans les tableaux qui vous ont frappée... »

« Chênes, 30 septembre 1838.

« ..... Deux grands chagrins : les dangers de la Suisse et la mort de Mme de Broglie. Vous ne savez

pas à quel point ce dernier m'est personnel. Sa haute
dévotion dans des doctrines que je ne partage pas
nous avait éloignés de nos anciennes conversations.
Je croyais avoir moins besoin d'elle. Je m'aperçois
maintenant combien mon cœur lui était profondément
attaché, combien le respect pour ses vertus, l'appréciation de ses talents, rehaussaient cette image que
je chérissais dans mon cœur depuis trente-huit ans et
qui demeurait comme le foyer où se réunissaient tant de
souvenirs qui me sont si précieux. C'est avec elle, sa
mère, M. Necker, tout un culte qui leur était voué
dont le temple est détruit. Je comprends comment un
sentiment de générosité pour un grand nom et votre
opposition à Louis-Philippe vous ont fait protester
dans votre lettre en faveur de Louis Napoléon... J'ai
embrassé l'opinion contraire. Si les grands États ne
sont point appelés à une conduite chevaleresque, à
plus forte raison les petits. J'ai combattu la très grande
majorité du grand Conseil genevois qui refusait l'ex-
pulsion demandée par la France. J'ai reporté la question sur le terrain du droit public pour montrer que
nous n'avons jamais pu faire un Suisse de Louis
Napoléon, parce que nos traités nous obligeaient à
ne jamais donner le droit de bourgeoisie aux bannis
de France, parce qu'il ne dépend pas des règles du
droit ou de la chicane de dénationaliser un si grand
nom, parce que le prince Louis s'est mis dans une
situation toute à part, celle de prétendant au trône,
position réglée par des lois toutes spéciales du droit
international. Les meneurs de toute cette affaire le

savaient comme moi. Une popularité cherchée sans convictions ; les partis exploitant cette affaire. Début de tristes symptômes pour Genève et pour la Suisse entière. »

Au moment où la place conquise par Mme de Circourt dans le monde parisien est un fait accompli, Sismondi, tenu sans doute au courant des auxiliaires, savait ce que son amie devait à la duchesse de Rauzan ; il écrit de Genève : « Je reconnais bien là la fille de l'incomparable mère que je vois toujours en elle, d'une mère dont l'esprit et le cœur ne pouvaient jamais s'oublier quand on avait eu une fois le bonheur de l'approcher. Il y avait entre la duchesse de Duras et Mme de Staël des rapports frappants, dans cet attrait pour la pensée, dans cette éloquence de l'esprit et du sentiment, dans cet oubli de soi-même et de l'effet qu'elle pouvait produire, pour ne voir que la vérité qu'elle poursuivait, qu'elle voulait découvrir pour la faire triompher ; puis il y avait des différences, que je sens davantage à mesure que l'âge avance et que la fascination exercée par Mme de Staël s'affaiblit. Il y avait une beauté morale dans le caractère de Mme de Duras qui descendait de la théorie à la pratique et ses persuasions inspiraient le respect lors même qu'on ne les partageait pas. Je vous félicite d'avoir Mme de Rauzan toute à vous en dehors du grand monde ; plus vous aurez creusé, plus vous aurez trouvé de cette bonne vieille roche... »

A LA MÊME.

« Chênes, 6 février 1842.

« ..... Vous êtes sans contredit, ma bonne amie,
non seulement la plus aimable des femmes pour la
société, mais la plus aimable pour ses amis, la plus
occupée de leur plaire, de les servir, de leur faire du
bien...... nous autres pauvres auteurs nous avons
besoin quelquefois de cette ambroisie. Malgré tout
ce qu'on dit de notre amour-propre, nous avons des
moments de découragement intérieur où le soutien de
nos amis nous est tout à fait nécessaire...... Il est
parfaitement vrai que les quatre prix donnés par les
deux classes de l'Institut, sans faire seulement men-
tion de mon histoire, m'avaient causé une profonde
mortification. Je me réjouissais de le voir donner à
Thierry qui, à mes yeux, méritait mieux que moi
celui de l'Académie française et qui, de plus, avait
besoin dans son malheur et de l'argent et de la conso-
lation ; mais il me semblait que l'on aurait pu de
quelque manière me rejeter hors du concours. Au
reste, M. Villemain avait donné, lorsqu'il n'était
point riche, une noble preuve de son amitié pour
Thierry. Il avait refusé la première pension qui
lui avait été accordée pour la lui faire passer. Ce
n'est pas seulement un beau talent que celui de
M. Villemain, c'est un beau caractère. Je suis vivement touché et flatté de ce que vous me dites de

votre entretien avec lui ; c'est un honneur d'être loué
par un homme comme lui. Mais en même temps, je
suis enchanté d'apprendre incidemment que vous êtes
sur un pied de bonne amitié avec un *ministre*. Loin
de vous reprocher, comme Mme Stanislas de Girardin,
d'être une femme politique, ce qui est assez vrai d'elle
et non de vous, je suis charmé de voir que vous vous
rapprochez d'un gouvernement d'honnêtes gens auquel vos amis ont montré une bien fâcheuse hostilité.
Bon Dieu ! ne sentent-ils pas que l'ordre social est
profondément ébranlé ; qu'ils peuvent bien aider à
renverser un roi, mais ce ne serait pas à leur profit,
et ils seraient les premières victimes de la révolution
vers laquelle ils nous entraînent...... Ah ! chère comtesse, ne vous reprochez point cette pâture donnée à
ma vanité. Ne craignez point de m'avoir trop fait
tourner la tête...... quand l'ouvrage qui a uniquement
occupé nos pensées pendant des mois, des années,
passe inaperçu...... c'est alors que les doux propos
d'une amie, qui nous assure que nous n'avons point
éprouvé la chute que nous redoutions, nous font du
bien..... »

A LA MÊME.

« Chênes, 10 avril 1841.

« ..... Mme d'Esterno m'écrit qu'elle a de temps en
temps le plaisir de vous voir ; qu'elle admire votre
entrain toujours égal, toujours puissant, toujours
imprimant à la société qui se rassemble autour de

vous ce mouvement d'esprit devenu si rare aujour-
d'hui, cette conversation où la pensée, la littérature
donnent un attrait toujours nouveau, où l'aigreur de
la politique, des intérêts personnels, ne se mêle
jamais. Certes, vous étiez faites pour la vie de Paris.
Jamais Française n'a été si Française que ma Moscovite, et il faut convenir que ce plaisir-là, du frottement,
du pétillement d'esprits supérieurs, n'est comparable
à aucun autre.

« ...... Je me rappelle encore ces déjeuners de
Coppet, avec Mme de Staël, Benjamin Constant, Pros-
per de Barante, Schlegel, comme les plus brillants
festins de l'esprit auxquels homme ait jamais été
admis et rien de ce que j'ai vu depuis ne peut leur être
comparé. Mais l'âge tout seul, et peut-être la retraite,
ont donné à mon esprit une lenteur qui gâte pour moi
cette jouissance ; je me sens humilié d'arriver avec
ma pensée après tous les autres...... La nature
m'avertit assez clairement que je dois me résigner à la
solitude et au silence. Heureusement que je suis
très susceptible des jouissances que donne la campagne. Je ne songe point sans émotions aux fleurs qui
dans ce moment même émaillent mes champs de Val-
chiusa, en Toscane, à ces fleurs sauvages, ces brillantes anémones, ces narcisses, ces iris qui croissent
de toutes parts sous mes oliviers, tandis que nous
sommes ici sous la neige. Que je voudrais être là pour
quelques jours encore, heureux, oubliant, s'il est possible, des passions politiques si cruellement mêlées de
déceptions. »

Une maladie qui devient bientôt mortelle, un cancer à l'estomac, fait de rapides progrès. Le pauvre patient s'affaiblit de plus en plus. Non seulement il donne de sa main de ses nouvelles, mais le vieil athlète se fait porter à trois assemblées du grand Conseil, devenu Assemblée constituante, pour y défendre encore quelques points qu'il croit importants.

« Nous avons été battus, dit-il à son amie; tout ce qui nous était cher tombe autour de nous, en même temps que l'agitation et la fatigue m'enlèvent le peu de forces qui me restaient. Je vous envoie sous bande mon dernier discours. »

Quelques jours après, il écrit à Circourt pour le remercier d'un envoi fait au professeur de la Rive, pour la *Bibliothèque universelle*, d'un article sur son dernier volume. Treutel et Wurtz n'avaient rien obtenu des *Débats*, Michel Chevalier et Saint-Marc Girardin firent la sourde oreille.

« Je vous remercie, écrit-il au secourable critique, de l'approbation que vous donnez à mon discours, et peut-être d'autant plus que je m'aperçois qu'ici ce sont des coups d'épée dans l'eau : on m'écoute poliment, mais personne n'appuie, personne ne me répond, et un moment après on ne dirait pas que j'aie ouvert la bouche. Mon mal s'est fort aggravé par l'effort que j'ai fait ce jour-là pour parler, et le médecin n'a plus voulu que je retournasse à aucune assemblée, ni même que je reçusse aucune visite. Mais le chagrin que me cause la déraison que je vois pré-

valoir dans toutes les assemblées politiques de toute
l'Europe me suit aussi dans ma solitude. Il n'est pas
douteux que les principes ne soient les mêmes dans
les plus grands et les plus petits États, comme dans
notre République en miniature. Quelquefois, je
serais tenté de m'abandonner au découragement,
quand je vois que ni les leçons de la sagesse des
anciens, ni l'expérience des modernes, ne profitent à
personne ; et puis je reviens à l'espérance, non d'après
mes efforts aux uns ou aux autres, non d'après l'influence que peuvent obtenir des paroles ou des raisons, mais d'après cette oscillation seule de la raison
humaine, qui revient toujours sur elle-même et qui,
après avoir touché aux deux extrêmes, diminue sans
cesse son mouvement, parce qu'elle se détrompe tour
à tour des deux illusions opposées. Je crois voir que
vous et moi nous nous rapprochons. Nous étions
sortis de deux écoles politiques bien opposées. Mais,
retirés tous les deux de la vie active et de la politique, de ces combats qui ajoutent aux différences
d'opinions les jugements opposés sur les personnes et
souvent les ressentiments, nous avons jugé avec la
ferme intention d'écouter surtout notre raison, et elle
·nous a rapprochés. »

La mort de M. de Candolle est une perte qui
frappe, d'un dernier coup, le vaillant agonisant dont
la main tient encore la plume, par un suprême effort,
comme la main du soldat mourant serre encore son
épée..... Les derniers mots à son amie sont ceux du
chrétien qui n'a jamais perdu de vue le Ciel dans ses

luttes terrestres. Il dicte en anglais à Mme de Sismondi
de touchants adieux à ses amis de Paris, auxquels une
lettre du lendemain, de la main d'une nièce, apprend
le dernier soupir de son oncle [1].

Circourt n'avait pas eu besoin de lire, par-dessus
l'épaule de sa femme, sa correspondance avec l'hon-
nête libéral, pour y suivre avec intérêt ce qui valut à
l'historien le secours du critique bienveillant et con-
solant de sa dernière heure. Jusqu'où la conformité
de vues politiques rapprochait-elle les représentants
des deux écoles? sans doute, par les grands et les
meilleurs côtés de l'intelligence et par l'estime
mutuelle. Le mariage du légitimiste avec une étrangère lui avait ouvert tout un monde étranger dont il
poursuivit l'étude, après les relations faites à Genève,
en Italie, en Allemagne et surtout en Angleterre.
C'est ainsi qu'il se promena au travers de tous les
camps, en homme de force à voir par-dessus les barricades, étude qu'il n'eût jamais faite s'il ne fût pas
sorti de l'enceinte de son parti. Ses premiers écrits,
qui datent de 1830, sont plus historiques, littéraires
et artistiques que politiques. Son article sur l'histoire
de Sismondi est bienveillant, pris de haut, savant et
sans controverse.

---

1 Près de la dernière heure, lorsqu'il fut hors d'état de supporter le
plus léger aliment, ses souffrances furent celles d'une faim cruelle.
Il comparait son supplice à celui du comte Ugolin, en répétant le vers
de l'Enfer du Dante : *Galandi, con Sismondi et con Lanfranchi*. Et je
suis donc condamné à mourir du même supplice qu'Ugolin, disait-il,
pour expier, après cinq siècles, le crime d'un ancètre.

Cette même année 1843 fut marquée pour les Circourt par un événement important. La comtesse abjura la religion grecque pour rentrer dans le giron de l'Église. Elle suivait l'exemple d'une de ses compatriotes, Mme Swetchine, l'amie de M. de Falloux, laquelle ne fut pas étrangère à cette conversion. L'ancien condisciple de Circourt, l'abbé de Bonnechose, alors professeur au collège de Juilly, avait exercé son influence sur la femme de son ami. Le monde qui l'avait accueillie fut charmé, et celui qui prend tout gaîment dit qu'un pareil succès de salon à Paris valait bien une messe. Comment son mari prit-il la chose? Les uns y virent son adhésion et même son concours. D'autres, à Besançon, assuraient le contraire. On prétendit que le czar, mécontent de la conversion et de l'exemple donné par Mme Swetchine, ne dissimula pas ses sentiments. Ils ne furent toutefois pour rien dans le second voyage des Circourt en Russie à cette époque. Des affaires d'une toute autre nature, concernant des propriétés de famille, exigeaient des arrangements et leur présence à Pétersbourg où le Sénat leur prêta l'appui le plus ostensible et le plus bienveillant.

IV

1848. — BERLIN. SUISSE. ITALIE.

Adolphe de Circourt et Alphonse de Lamartine s'étaient connus aux affaires étrangères. Il fut un moment question du poète pour le poste d'Athènes avec le jeune savant pour secrétaire. En se retrouvant à Paris en 1837, Mme de Lamartine et Mme de Circourt, étrangères toutes les deux, se lièrent intimement. Elles voyaient le même monde, dans lequel elles eurent les mêmes relations. Lamartine et Circourt étaient de pareille race militaire, fils de deux soldats qui épousèrent, dans la même époque troublée, deux femmes supérieures de même noblesse parlementaire. Mlle des Roys et Mlle de Sauvagney reçurent l'éducation lettrée, qui devait exercer à Milly la même influence sur Lamartine que sur Circourt à Bouxières. On y retrouve de semblables rudes épreuves, les mêmes simplicités rustiques, les mêmes principes de royalisme traditionnel et les mêmes vaillances maternelles.

En 1837, ils se retrouvaient dans le même camp :

l'un dans la politique active où son rôle, olympien encore, l'entourait de toutes les admirations; l'autre était ce qu'on l'a vu plus haut, mais dans l'ombre, et beaucoup moins connu que je ne l'ai fait connaître. Les poètes, voix divines et prophétiques chez les anciens, furent toujours affranchis du travail de beaucoup apprendre. Circourt, sans aucune vanité de sa science, se faisait un plaisir d'en mettre les trésors au service de son ami. Le député, qui méditait un discours à la Chambre du lendemain sur la question d'Orient, demandait-il à Circourt quelque chose comme un prologue historique, un portique oriental à la hauteur de son sujet? le savant, sans ouvrir un livre, achevait dans la nuit le portique et l'édifice tout entier. Dès le matin, il apportait un volume dans lequel Lamartine n'utilisait que le nécessaire pour sa merveilleuse mise en scène. Sans aucune ambition personnelle, Circourt oubliait, ce que le poète n'oublia jamais, la part anonyme qui lui revenait dans les gloires de tribune de l'illustre orateur.

Pour une activité comme la sienne, la vie relativement sédentaire des hivers à Paris fut le moment qu'il semblait avoir attendu pour prendre sérieusement la plume. Les stations d'été sur les bords du Rhin, en Suisse, en Angleterre, ne lui faisaient que des loisirs souvent troublés. Il donna successivement cependant à la *Bibliothèque universelle* de Genève les *Impressions d'un voyage en Prusse et en Russie, la Neva, Carisbrooke voyage en Angleterre, Arioste gouverneur de la Garfagnana, Louise de Médicis,* trois articles *sur l'Histoire des États-Unis de Bancroft, les Indiens de l'Amérique du Nord par Albert Gallatin, Histoire de la conquête du Mexique par Prescott,* l'*Histoire des Gaulois par Amédée Thierry.* — Jusqu'en 1846, la politique que renferment ces écrits est toute historique. On peut en dire presque autant de deux articles de 1847 : l'un sur *les Girondins de Lamartine;* l'autre, dans la livraison du 15 mars de la *Revue des Deux Mondes,* sur *la Révolution et les Partis de la Confédération helvétique.* L'article sur les Girondins est celui d'un royaliste qui fait valoir avec l'autorité d'un historien du passé les circonstances atténuantes, sans absoudre l'auteur du péril de causer à des sentiments honorables quelques instants de douleur et d'anxiété. L'article sur la Suisse de 1847 fut le seul écrit d'une parfaite vérité, sur le Sonderbund et ses antécédents, sorti d'une plume étrangère, à cette époque.

L'orage de 1848 grondait. Circourt avait prédit que du banquet de Février sortirait une révolution. Il faisait partie de la garde nationale de son quartier, où son zèle était exemplaire. Par sa familiarité enjouée et la bonhomie de sa conversation, il avait gagné les cœurs de ses collègues de corps de garde, qui l'eussent peut-être bien nommé à l'épaulette s'il s'y fût prêté. Ses braves amis n'en criaient pas moins : A bas Guizot! le matin du 23 février. Ce jour-là, nous dînions ensemble, rue de Lille, chez Mme de Ségur d'Aguesseau. Un député, M. de Vandœuvre, apporta la nouvelle que tout était arrangé pour le mieux : le

fatal Guizot était remplacé par M. Molé. En rentrar
chez nous, au faubourg Saint-Honoré, une heur
après, nous entendions le feu de peloton du boule
vard des Capucines. Circourt appartenait à la 1re lé
gion; il courut endosser son uniforme en me disant
« C'est une révolution politique qui finit; une révolu
tion sociale qui commence. »

On sait le rôle de Lamartine, le pied qu'il pos
sur le drapeau rouge en prenant en main le drapea
tricolore pour rassurer la France et l'Europe. So
manifeste, comme ministre des affaires étrangères
n'est pas moins connu. Le corps diplomatique ac
cueillit les assurances pacifiques comme elles méri
taient de l'être. Le document que le pacificateu
adressait aux gouvernements européens n'avait pa
rencontré d'opposition chez ses collègues, ce qu
n'empêchait pas un pouvoir né, comme celui de 1830
d'une révolution démocratique et populaire, d'êtr
l'allié naturel ou forcé des peuples et de réveille
leurs espérances.

La crise que traversait, au dedans, le ministèr
des affaires étrangères avait son contre-coup plus
sensible encore au dehors. Les démissions, les révo
cations, exigées par les collègues de Lamartine, y
créaient autant d'embarras que de difficultés pour les
remplacements. Comme celle de 1830, la secousse,
souterraine surtout, était continentale. La Pologne,
l'Italie, l'Allemagne, avec leurs foyers permanents,
la Suisse palpitante encore de sa guerre civile, ne

prêtaient que des oreilles peu rassurées, ou trop ouvertes, au manifeste français, dont la franchise au
point de vue des aspirations des peuples n'était pas
complète. La question diplomatique fut simplifiée
pour la Russie en y laissant M. Mercier de Lostende,
en quelque sorte sans instructions. Après le départ
du comte de Flahaut de Vienne, M. de Lacour y fut
accrédité comme chargé d'affaires; il était particulièrement désigné pour une position difficile dans la
sourde guerre de principes qui existait entre Vienne
et Paris. En Italie, un premier choix ne fut pas heureux à Naples. A Turin, on envoya M. Sain Boislecomte, qu'il ne faut pas confondre avec le comte de
Boislecomte qui venait d'être rappelé de la Suisse
avec toute sa légation, sauf le comte Reinhard resté
sans mission politique. L'Angleterre et l'Espagne,
après les mariages espagnols, n'offraient pas d'ur-
gence sérieuse. La Belgique et les petits États qui
ne faisaient pas partie de la Confédération germanique étaient hors de cause. Dans cette situation générale, le rôle de la Prusse devenait le plus important. La tige de l'équilibre européen était encore,
comme en 1791, dans ce cabinet. La Russie, l'Angleterre, l'Allemagne du Nord s'y disputaient la faveur
et le concours d'une monarchie militaire : le roi philosophe, Frédéric-Guillaume IV, tenait dans ses mains
le nœud de la paix, de la guerre, et des transactions
libérales. Lamartine attachait avec raison une importance de premier ordre à rassurer le roi de Prusse,
à le bien informer sur les aspirations antirévolution-

naires, pacifiques et généreuses de la République
française. Le gagner à cette conviction, c'était agir
sur le continent tout entier. La diplomatie française
ne manquait pas d'hommes éminents. Mais les attaches de parti, les antécédents, les traditions, les rou-
tines diplomatiques, et surtout la nouveauté des tendances républicaines, exigeaient un homme qui eût
la modeste bonne volonté d'accepter une mission con-
fidentielle dans le début, et qui fût à la fois assez
initié aux tendances philosophiques, à la science germanique, et d'un esprit assez universel pour les nouveautés d'une pareille cause.

« Cet homme, dit Lamartine dans ses mémoires
politiques, je le trouvai d'un premier geste sous ma
main. M. de Circourt avait servi sous la Restauration
dans la diplomatie. La Révolution l'avait rejeté dans
l'isolement et dans l'opposition, plus près du légiti-
misme que de la démocratie. Il avait profité de ces
années pour se livrer à des études qui auraient absorbé
plusieurs vies d'hommes, et qui n'étaient que des distractions de la sienne. Langues, races, géographie,
histoire, philosophie, voyages, constitutions, religions
des peuples depuis l'enfance du monde jusqu'à nos
jours, depuis le Thibet jusqu'aux Alpes, il avait tout
incorporé en lui, tout réfléchi, tout retenu : on pouvait l'interroger sur l'universalité des faits ou des
idées dont se compose le monde sans qu'il eût
besoin pour répondre d'interroger d'autres livres
que sa mémoire. Étendue, surface et profondeur im-
mense de notions dont jamais on ne rencontrait le

fond ni les limites, mappemonde vivante des connaissances humaines, homme où tout était tête et
dont la tête était à la hauteur de toutes les vérités,
impartial du reste, indifférent entre les systèmes,
comme un être qui ne serait qu'intelligence et qui
ne tiendrait à la nature humaine que par le regard et
par la curiosité. »

Jusqu'à quel point l'homme que nous connaissons
eût-il accepté les derniers mots surtout de cet éloge,
au moment où il s'agissait pour lui d'appartenir à la
nature humaine par tout ce que le patriotisme et la
perspicacité positive ont de plus sérieux? Il est permis de répondre pour lui d'autant plus facilement,
que jamais regard ni curiosité ne furent moins vaguement égarés que dans cette occasion par l'orgueil de la science. « J'ai peine à me reconnaître,
disait-il plus tard, dans ce portrait d'une bienveillance exagérée que le public prendra, je le crains,
pour une tête d'étude d'atelier. » Lamartine savait
que son envoyé avait publié plusieurs articles très
appréciés en Allemagne, tels que *Notes sur un
voyage en Prusse, 1844; la Monarchie prussienne en
1847 à l'ouverture des états généraux,* et qu'il était
personnellement connu du roi. Il avait eu des relations avec Humboldt, Schelling, Savigny, Ranke,
Grimm, Raumer, Tieck, Ruckert, Rauch, Cornélius;
avec les comtes de Pourtalès, le baron de Meyen-
dorff, ministre de Russie à Berlin, le baron d'Arnim,
ministre à Paris, fanatique de Lamartine, et M. de
Radowitz qui venait de remplir une mission en

France et qu'on avait vu dans le salon de la rue des
Saussayes. Les moyens d'action de l'envoyé devaient
être dans ses relations personnelles, de même que
« ses instructions étaient toutes dans son caractère »,
comme le disaient ses instructions confidentielles.

Lamartine le munit : 1° de sa circulaire du 2 mars;
2° d'instructions officielles; 3° d'instructions confidentielles, celles-ci toutes de sa main. Les trois
pièces concordent entre elles, et aucune d'elles ne
sort du vague. Les seuls points qui en ressortent
pour sa mission sont : qu'il devait travailler à rassurer le gouvernement de Berlin sur les intentions de
la République; prévenir tout ce qui aurait pu entraîner une guerre européenne; et préparer une alliance
entre les trois puissances libérales, la France, la
Prusse et l'Angleterre. Toutefois le démissionnaire
de 1830 n'accepta pas légèrement la mission qui lui
était offerte par la République de 1848. Cette mission ne renfermait rien qui fût de nature à lui impo-
ser un refus. On n'exigeait pas de serment; tout y
était provisoire; l'opinion publique encourageait alors
les conservateurs à prêter leur concours au gouvernement nouveau, en tant qu'il se personnifiait dans
Lamartine. M. de Rayneval, M. d'Harcourt, M. de
Lacour, le général Aupick étaient d'honorables exemples. Les dangers que couraient la France et la société étaient bien réellement de ceux qui dans la
tempête appellent tout l'équipage sur le pont. Si les
instructions laissaient à désirer au point de vue d'une
franche attitude diplomatique, elles ne contenaient

rien qui fût de nature à troubler la conscience
d'un loyal envoyé, même royaliste. Un ministre de
Louis XVI n'en eût pas donné de plus dignes; un dis-
ciple de Malesherbes ou du chancelier d'Aguesseau
se fût senti honoré de les accepter. Rien n'y froissait
chez le représentant de la France son respect pour le
testament politique paternel. Dans la mission que le
gentilhomme royaliste tenait du gentilhomme républicain, il n'était poussé par aucune considération
d'ambition personnelle, et, fût-il sans confiance dans
l'avenir de la République, il faisait acte de courage
en la servant auprès des arbitres de la paix européenne, aux risques et périls des fausses interpréta-
tions de tous les partis.

Il avait été convenu qu'il était accrédité près du
roi et de son gouvernement, sans mission de propa-
gande, sans arrière-pensée d'exciter une révolution,
ou d'en profiter. Maintien de la paix générale, action
de l'influence française sur ce qu'il y avait de sain,
de légitime et de pratique dans les nouvelles idées;
s'appliquer à empêcher l'invasion en Allemagne des
principes subversifs et des passions révolutionnaires;
enfin y prévenir un bouleversement politique, et raf-
fermir sur leurs bases, pour les acheminer ensuite
vers des progrès réels, les États ébranlés par le
contre-coup de la catastrophe de Paris. On verra
avec quelle fermeté, quelle habileté et quelle clairvoyance l'envoyé tint l'engagement pris avec lui-
même au milieu des circonstances les plus difficiles
et les plus imprévues. Avant de quitter Paris, le

6 mars, il vit au ministère de la marine M. Arago,
qui lui donna une lettre pour Humboldt en lui disant : *Derrière nous il n'y a plus rien ; faites-le bien
comprendre à Berlin.* En rencontrant chez Lamartine
M. Bastide, sous-secrétaire d'État au ministère des
affaires extérieures, il ne lui demanda pas d'instructions. M. de Champeaux, l'un des secrétaires intimes
de Lamartine, fut chargé de répondre aux lettres
confidentielles de l'envoyé qui devaient être adressées
jour par jour au ministre.

Arrivé à Berlin le 9 mars, M. de Circourt vit le
soir même le général baron de Canitz, ministre de
cabinet chargé des affaires étrangères, auquel il
montra sans la lui remettre la lettre que voici :

« Monsieur le baron,

« Le gouvernement provisoire de la République
française, jaloux de ne laisser aucune interruption
dans les rapports de bonne harmonie qui subsistent
entre la Prusse et la France, m'a donné l'ordre d'ac-
créditer sur-le-champ à Berlin un chargé d'affaires.
Je m'empresse, en conséquence, de prévenir Votre
Excellence que le gouvernement a fait choix à cet
effet de M. Adolphe de Circourt. Les qualités personnelles de cet agent et ses talents m'inspirent la
persuasion qu'il ne négligera rien pour se concilier
l'estime et la confiance de Votre Excellence et pour
mériter par toute sa conduite l'approbation du gou-

vernement. Je prie Votre Excellence de vouloir bien
l'accueillir favorablement toutes les fois que les affaires relatives à ses fonctions pourront l'appeler
auprès d'elle, et j'aime à me persuader que vous
vous plairez à lui fournir toutes les facilités qui se-
ront en votre pouvoir pour l'exécution des ordres
que je serai dans le cas de lui transmettre au nom du
gouvernement de la République. Je saisis avec em-
pressement cette occasion de vous exprimer les sentiments de la très haute considération avec laquelle
j'ai l'honneur d'être, monsieur le baron,

« De Votre Excellence, etc...

« LAMARTINE. »

Il fut convenu entre M. de Canitz et l'envoyé
que, dans l'état provisoire des relations diplomatiques, M. Brunet-Denon, second secrétaire de la légation, serait chargé des affaires, le ministre, M. de
Dalmatie, ayant été rappelé, et M. Humann, premier secrétaire, étant retourné à Paris ; que les communications d'une nature politique passeraient par
les mains de M. de Circourt, qui laissa une copie
non signée de ses instructions officielles. Il se logea
à l'hôtel de Russie, n'ouvrit pas de bureaux et se tint
publiquement sur la plus grande réserve. Il avait
demandé une audience au roi. M. de Canitz la promit, avec l'arrière-pensée de la retarder. Avant l'arrivée de l'envoyé de Lamartine, M. de Canitz avait
été fâcheusement impressionné par les paragraphes

16 et 18 du manifeste du 2 mars. Il demanda quelles étaient « les nationalités opprimées dont la reconstruction intéressait la France? » Circourt entrait ainsi d'emblée dans le vif de la question. Il suggéra des mesures en faveur de la Pologne, mais en s'empressant d'ajouter qu'il désirait traiter ces questions avec le roi. M. de Canitz, d'accord avec le ministre de Russie, ne se prêta pas à cette entrevue. Du 9 au 18 mars, le travail de l'envoyé fut tout préparatoire. Il renoua ses relations, observa, rendit compte, signala ce qui allait s'accomplir, se lia de plus en plus avec les hommes qui tendaient à transformer la monarchie prussienne, déjà dotée d'une représentation par les états généraux, en monarchie parlementaire à l'anglaise, persuadé pour son compte que les éléments d'une telle monarchie existaient en Prusse, pourvu que la couronne ne prétendît, dans cette question, rien créer, rien exclure par esprit d'intolérance ou de routine, se bornant à choisir parmi les riches et solides matériaux que la Providence lui avait préparés. A Paris, l'observateur mandait la tournure que prenaient les événements en Allemagne et à Berlin, où l'on touchait à la crise. Il demandait des instructions et n'en recevait pas. Champeaux écrivait, au nom de Lamartine : « Que l'Allemagne ne pense pas à nous; nous voulons d'elle plus que la paix, l'amitié! » Le baron d'Arnim, sur ces entrefaites, quittait son poste de Paris et revenait à Berlin.

Le mouvement qui devait éclater dans cette capitale était inévitable et ne se fit pas attendre. Il était

pressenti depuis que le contre-coup des événements
de février avait retenti en Allemagne. Le 14 mars, le
roi Guillaume IV avait pris l'initiative des réformes
dans l'intérêt d'une concentration des forces gouver-
nementales au sein de la Confédération germanique.
Cette déclaration n'avait eu d'autre effet que d'aug-
menter les désirs d'un changement. En prévision
d'une phase nouvelle, le roi convoquait à Dresde un
congrès de confédérés. Circourt, s'étant empressé de
demander de nouvelles instructions, ne reçut que l'invitation de n'en pas demander. On était trop occupé
à Paris de l'intérieur pour former aucun plan de politique extérieure et prêter attention aux avis du dehors. Champeaux s'en tenait à son thème « que
l'Allemagne ne pense pas à nous, nous voulons d'elle
plus que la paix, les relations que vous savez ». C'est
ainsi que, complètement abandonné à lui-même, le
diplomate, sans nouvelles instructions, eut à déter-
miner sa conduite au milieu de la révolution de mars.
Il est difficile d'imaginer une position plus difficile
et plus compromettante; elle ne l'effraya point. Son
point d'appui se trouvait dans cette phase, tracée de
la main de Lamartine : « Vos instructions sont toutes
dans votre caractère. »

Il parcourut Berlin pendant la journée du 18 avec
Humboldt, et tous deux assistèrent ensemble à l'at-
taque du palais. On sait que le soir la troupe était
maîtresse dans la ville, et que les barricades des fau-

bourgs ne pouvaient offrir aucune résistance sérieuse. En rentrant à l'hôtel, il y trouva le baron
d'Arnim, qui revenait de chez le roi, et lui apprit la
détermination de faire évacuer Berlin par les troupes. L'envoyé de Lamartine exprima dans les termes
les plus vifs son étonnement, et n'hésita pas à mani-
fester un blâme sur cette mesure qui mettait en péril
la monarchie. Sa conviction était que le renversement du trône prussien aurait des conséquences fu-
nestes pour la paix de l'Europe et pour les intérêts
de la France. Le départ des troupes mit aussitôt le
roi au pouvoir de la population, fort mêlée d'étrangers, et très agitée par les meneurs de la révolution
universelle. Livré à la révolution, que conduisait l'Université, Frédéric-Guillaume IV protesta noblement
devant les étudiants « que rien ne le ferait jamais
usurper sur les droits légitimes des princes ses confédérés ». Plus tard, quand le parlement de Francfort
lui déféra la couronne impériale d'Allemagne, il la
refusa : la Constitution violait plusieurs droits des
souverains allemands. Otage des insurgés, le royal
admirateur de Lamartine ne put cependant conserver
son trône que par des concessions.

Le 21 mars, arrivait à Berlin, sous la conduite de
l'archevêque de Posen, une députation des Polonais
de la Posnanie. Leurs compatriotes, à Berlin, partageaient alors avec l'Université la direction du mouvement. Reçue le 22 par le roi, la députation lui demanda de proclamer le rétablissement de la couronne
de Pologne, soit pour lui, soit pour un prince de sa

maison. Il refusa, déclarant qu'il n'accepterait à aucun prix cette couronne en engageant une guerre avec la Russie. Mais il promit d'accorder à la Posnanie, qui lui appartenait, une autonomie complète sous le sceptre de la Prusse, et d'employer ses bons offices à Pétersbourg pour des satisfactions polonaises. Circourt eut le 24 mars communication de ces déclarations par le baron d'Arnim, et sut dès lors qu'il ne pourrait obtenir davantage. Il trouva que c'était assez. Ses instructions ne comportaient pas qu'il eût à provoquer rien de plus. La députation repartit le 26 mars. Il était convenu que le duché de Posen serait administré par une commission des nationalités où deux fonctionnaires prussiens auraient leur place, et que l'armée serait exclusivement polonaise, à l'exception de la garnison de Posen. Les ministres prévoyaient bien qu'ils ne pourraient pas s'en tenir là; le duché allait devenir inévitablement le rendez-vous des émigrés polonais, et l'on pouvait s'attendre à une explosion générale. La neutralité bienveillante qui prétendait faire respecter le territoire posnanien ne pouvait conduire qu'à des complications redoutables. D'ailleurs, les difficultés se rencontrèrent au sein même du pays auquel on voulait restituer son autonomie. En effet, on ne trouva pas un gentilhomme polonais qui voulût accepter la présidence du conseil du gouvernement de Posen sous l'allégeance de la couronne de Prusse. Les émigrés n'en arrivaient pas moins en foule. On les laissait passer, pourvu qu'ils se présentassent isolément avec des passeports français, et à leur passage ils formaient la clientèle de Circourt, qui dut s'occuper d'eux dans une position forcément et visiblement officielle.

Le moment inévitable arrivait ainsi pour lui de se trouver en face du plus brûlant épisode de sa mission : la question polonaise. Cette question fiévreuse, à la fois politique, religieuse, aristocratique, populaire, nationale et européenne, devenait pour le représentant de la France à Berlin une difficulté que la présence avec lui de la comtesse de Circourt, Russe de naissance, ne tendait pas à aplanir. Passé maître dans l'histoire du slavisme, ayant vu de près la Russie, il ne se faisait aucune illusion sur l'impuissance des concessions ni sur les sentiments de l'empereur Nicolas. Il avait peu de confiance dans la réorganisation du duché de Posen en voyant les dispositions des émigrés, ce qui ne l'empêchait pas de faire tenir des conseils en faveur des essais de transactions de même qu'en faveur d'un gouvernement parlementaire pour le maintien de l'ordre monarchique. Il prenait sur lui d'ajouter que le gouvernement français y applaudirait. Autour de lui, les instances révolutionnaires, pour qu'il agît dans le sens contraire, le trouvèrent inébranlable. On le poussait à prendre un caractère officiel, à arborer le drapeau français à son balcon, à se mettre en communication avec les chefs du mouvement insurrectionnel, à recevoir des adresses et des députations. On attendait de sa part la promesse de l'assentiment et l'appui de la France. Il est permis d'affirmer qu'alors une seule faiblesse, un seul mot de lui eussent fait sortir la République des barricades de Berlin. Il est certain, dans tous les cas, que les premiers à n'en pas douter furent le baron d'Arnim et le roi lui-même. Circourt ne se dissimulait certainement pas les conséquences d'une insistance à repousser les émissaires et les agents plus ou moins secrets de la faction propagandiste du gouvernement provisoire de Paris. Aussi ne s'empressa-t-il pas de sortir du caractère officieux de sa mission pour prendre celui, ouvertement officiel, auquel il était autorisé. C'eût été pour Lamartine un embarras de plus et pour les propagandistes du gouvernement provisoire un prétexte à destitution immédiate. Très suffisamment accrédité près du roi, il allait droit son chemin au-devant des événements les plus menaçants à ses yeux. Le gouffre entr'ouvert pouvait engloutir à la fois l'ordre public et la paix européenne. Le rôle de s'y jeter en Curtius ne lui déplaisait pas.

Les lettres de Champeaux ne laissaient entrevoir aucun blâme; au contraire. A Berlin, l'évolution vers la bourgeoisie s'accentuait par la présidence du conseil donnée à M. Camphausen. Le baron d'Arnim entrait aux affaires étrangères. En se prêtant à la prépondérance bourgeoise, le roi prenait sur un plus grand théâtre le rôle de promoteur de l'unité allemande au congrès de Francfort, congrès tout germanique où, protestant contre tout ce qui ne serait pas dans cet intérêt, il déclarait de nouveau solennellement que rien ne le ferait jamais usurper sur les princes ses confédérés.

L'insurrection de Berlin venait de mettre en liberté les prisonniers polonais de celle de 1846 et les avait promenés dans la ville. Leurs chefs s'étaient mis à la tête du mouvement en victimes qui réveillaient de vives sympathies européennes. Ils s'appuyaient sur le paragraphe 18 de la circulaire du 2 mars : « *Nous le disons hautement, si l'heure de la reconstruction de quelques nationalités opprimées en Europe ou ailleurs nous paraissait avoir sonné dans les décrets de la Providence ; si la Suisse, notre fidèle alliée; si les États indépendants de l'Italie étaient envahis, la République française se croirait le droit d'armer elle-même pour protéger ces mouvements légitimes de croissance et de nationalité des peuples.* » La Pologne était sous-entendue, sans être nommée, et Circourt pouvait à la rigueur se prévaloir du silence. Il ne le fit pas, et, sans céder à la pression polonaise, il s'associa aux vues persistantes du roi et du baron d'Arnim pour la réorganisation de la Posnanie, à laquelle l'opinion de l'Allemagne et celle de Berlin étaient alors également favorables.

On était loin d'avoir prévu que la population allemande du duché, la partie la plus riche de la population, manifesterait une vive opposition, qui n'empêche pas de passer outre au moment où le mouvement polonais s'accentuait de plus en plus et menaçait d'entraîner forcément plus loin. En effet, le 4 avril, on signalait à la fois la résistance armée de la population allemande et la formation de corps francs polonais. Le prince Czartoryski était arrivé à Berlin la

28 mars. Circourt, qui le vit, eût voulu le servir; mais le prince ne pouvait réclamer que le rétablissement de la couronne de Pologne, et l'envoyé de Lamartine était accrédité auprès du roi de Prusse pour contenir les insurrections et non pour les encourager. Il n'avait pas encore vu le roi lorsqu'il tenait ce langage, et sa première audience n'eut lieu que le 7 avril. Il trouva Frédéric-Guillaume IV tout Lamartinien, disposé à favoriser le gouvernement français dans les tendances que l'envoyé de son idole était chargé de représenter, et toujours résolu à tenir sa promesse libérale de transformer le duché de Posen en province autonome polonaise. Le 9, deux jours après, Mieroslawski, mis en liberté le 19 mars, partait pour Posen. La guerre entre les deux races éclatait. Aussitôt un revirement complet se manifesta à Berlin et dans toute l'Allemagne. Les protestations arrivèrent de Francfort. Il fallait chercher un nouveau plan : on inventa celui de la division ethnographique de la Posnanie en territoires allemands et territoires du duché polonais de Gnesen; ce dernier héritait des promesses faites à la Posnanie entière. Le général de Willisen fut chargé de cette répartition selon les races au travers des luttes entre les intérêts économiques et patriotiques compliqués. Il en sortit avec la convention de Jaroslawice. On ne s'étonnera pas de voir Circourt apporter des arguments exhumés des profondeurs du sol historique pour défendre pied à pied les doubles intérêts. C'est ainsi qu'il réclama pour le duché polonais de Gnesen le bourg de Kruscewice,

que peu de personnes avec lui savaient avoir été la première capitale du royaume de Pologne. La troisième phase des affaires polonaises fut aussitôt remplie par les péripéties de l'insurrection organisée par Mieroslawski. L'explosion du 1er mai débuta par un succès fatal à la cause, suivi de la répression générale en Posnanie comme à Cracovie.

Circourt avait conduit ses négociations pendant une partie du mois d'avril avec cet avantage de position que l'on connaissait à Berlin la désignation faite du général Changarnier pour le remplacer. Lorsqu'on apprit à Paris l'insurrection de la Posnanie, on prépara dans les bureaux la dépêche du 7 mai, destinée à mettre en demeure, *mais verbalement,* le gouvernement prussien, seule et unique dépêche reçue par Circourt. Gardée à Paris jusqu'au 13, elle n'arriva que le 16 à Berlin. Depuis le 6 mai Lamartine avait remis à M. Bastide le portefeuille des affaires étrangères, ne se réservant que la direction supérieure de ce département comme membre de la commission exécutive nommée par l'Assemblée constituante. Dès le 12 mai, Circourt avait été définitivement remplacé, mais sa lettre de rappel ne lui arriva que le 18. L'homme ardent que l'on connaît savait se contenir au besoin, même dépité, car un mot imprudent eût suffi, surtout du 7 au 18 mai, pour mettre le feu aux poudres. Dans la mesure de ses instructions, il avait fait pour les Polonais tout ce qu'il lui était possible de faire, en y apportant le renfort de connaissances spéciales. Il avait obtenu qu'on n'envoyât pas contre l'insurrection les corps francs allemands qui s'organisaient à Berlin, et qui furent dirigés sur l'armée du Schleswig. La seconde audience du roi avait eu lieu à Potsdam le 8 mai. Il y obtint que les prisonniers seraient traités en prisonniers de guerre, sans qu'on eût à leur opposer des délits de droit commun, si communs à la guerre. Dans une troisième audience, ayant déjà reçu ses lettres de rappel, il obtint que Mieroslawski fût compris dans l'amnistie.

Le 12 mai avaient eu lieu à l'Assemblée constituante de France les débats sur la Pologne. Lamartine y produisit les extraits des dépêches confidentielles de Circourt. Aucun avis n'avait préparé l'envoyé à ces lectures; le temps, il est vrai, avait manqué. Lorsqu'elles furent connues à Berlin, elles y excitèrent les plus vives émotions en divers sens opposés. Circourt reçut en même temps la dépêche qui lui enjoignait de faire des représentations verbales au gouvernement prussien, brandon qui, en d'autres mains que les siennes ou avec un autre ministre que le baron d'Arnim, eût été bien dangereux; et le 17 il expédia à Paris, après l'avoir communiquée au baron, *ne varietur*, la réponse, verbale aussi, de ce ministre, laquelle fut lue à l'Assemblée constituante le 20 mai et y enleva un ordre du jour triomphant. C'est que dans l'intervalle s'était passée la journée Barbès du 15 mai, et que des rapports véridiques sur l'affaire de Pologne rencontraient un accueil favorable. A Berlin, les clubs, en apprenant l'affaire Barbès du 15, préparèrent leur journée qui fut arrêtée à distance par le triomphe de Lamartine.

De Paris on écrivait à Circourt d'attendre son successeur. Les témoignages d'estime lui arrivaient de toutes parts, quelques-uns offerts avec un éclat auquel il se refusa modestement et fermement. D'un autre côté les haines se déchaînaient. Elles furent avivées par la publication des extraits de ses dépêches confidentielles qui avaient fourni à Lamartine la base des communications faites à l'Assemblée constituante. L'émigration s'en empara pour attaquer le représentant de la France avec une violence extrême. Une telle publication, inouïe dans les fastes de la diplomatie, était aggravée par l'inintelligence avec laquelle avaient été faits les extraits. Circourt s'en plaignit vivement à Lamartine. Champeaux rejeta sur la précipitation et la maladresse des bureaux les mauvais choix des extraits, et leur publication sur une inadvertance. Lamartine répondit que « chaque matin les Polonais tiraient dans un chapeau à qui débarrasserait l'Europe de lui », et donna à toute la conduite de son représentant l'approbation la plus complète, avec les éloges qu'on lit éloquemment répétés dans ses mémoires politiques. En fait, il lui avait donné plus d'approbations et d'éloges que de secours et d'appui. Sa confiance avait eu pour expression l'entière liberté qu'il lui avait silencieusement laissée. « Les ministres des révolutions n'écrivent pas », disait-il. Au mois d'avril, avant la journée du 16, puissant, mais non maître encore du pouvoir, ses collègues plus avancés du gouvernement provisoire avaient obtenu de lui le remplacement de Circourt à Berlin par le général Changarnier; mais le général, après le 16 avril, préféra le gouvernement de l'Algérie. Le premier acte de M. Bastide, arraché à Lamartine, fut l'éloignement de son ami.

Le 13 mai, on le prévenait de la nomination de M. E. Arago à Berlin, par une lettre officielle signée Bastide. Champeaux lui faisait en même temps savoir que son successeur serait retenu à Paris plusieurs jours encore et le suppliait d'attendre son arrivée, ce qu'il fit de très bonne grâce. Le 21 mai, il revit le roi et s'appliqua soigneusement à préparer pour son remplaçant un terrain de confiance qui pouvait faire défaut. M. Arago, parti de Paris le 17 mai, n'arriva que le 5 juin à Berlin. Circourt lui remit les affaires et lui fit voir chez lui les personnes qui étaient bonnes à connaître. Le 6, M. et Mme de Circourt dînaient à Sans-Souci, sans étiquette, chez le roi. Rien n'y devait ressembler même à une audience de congé. *Il n'y fut pas dit un seul mot de politique.* La présence de la comtesse permettait au roi, que la poésie généreuse avait poussé du nuage dans trop de réalités, de reprendre avec elle et l'ami de Lamartine les conversations du temps passé; et Circourt, de son côté, devait être assez saturé de diplomatie, même de diplomatie scientifique, pour revenir au charme des bonnes causeries d'autrefois avec sa verve ordinaire. Le roi lettré et le savant Français ne purent certainement pas échapper, dans la salle à manger des célèbres dîners philosophiques de Sans-Souci, aux souvenirs du royal hôte de Voltaire et de ses convives. Les philosophes et la philosophie avaient fait du chemin au travers des révolutions et des guerres. La royauté, comme la science, en était encore aux expériences et aux déceptions. Le savant toutefois, par ses grandes lumières historiques, voyait plus loin que l'héritier du sceptique railleur des philosophes d'alors ; il entrevit à l'horizon comme une lointaine aurore sanglante où les ailes du célèbre moulin s'allongeaient avec des proportions gigantesques. Au moment de la séparation, le roi, très ému, comme s'il perdait un ami, embrassa l'envoyé du poète français avec des larmes dans les yeux.

Circourt ne reçut, en partant, aucune distinction diplomatique, aucune croix : la pensée en vint au roi dont les sentiments étaient trop élevés et délicats pour qu'il pût s'offenser de voir alors décliner toute grâce. Mais, trois ans plus tard, un portrait de Frédéric-Guillaume IV, sur porcelaine, de sa fabrique royale, témoignait que Circourt n'était pas oublié, en venant orner le salon de la rue des Saussayes. Le porteur du cadeau était chargé de lui dire de la part de son souverain : « Le portrait sort de ma fabrique, mais le cadre n'en est pas, et vous me devez trois thalers. Je ne veux pas que vous m'accusiez de chercher à vous corrompre. »

Personne ne s'est douté des services que Circourt

eût pu rendre à son pays, en y conservant une position officielle supérieure. Il avait très bien vu et jugé
la question des duchés danois, qu'il exposa, en droit
et en fait, avec ses contradictions qui appelaient une
transaction.

Mais on ne lui prêta pas même une oreille à Paris, non plus qu'à ses avis sur la conduite à tenir en
face du mouvement unitaire de l'Allemagne. Ce
mouvement n'échoua pas sans laisser des jalons et
des impressions profondes. Repris par M. de Bis-
marck, on sait où il aboutit vingt ans plus tard. Ce
que l'érudit, qui connaissait à fond l'Allemagne, entrevit alors, était de nature, en bonnes mains diplomatiques, à pouvoir diriger les événements autrement
que contre la France, si ce n'est même à limiter
l'inévitable impulsion et à la tourner à son avantage.

L'affaire de Neufchâtel fut traitée par l'envoyé de
Lamartine selon les instructions reçues, comme on va
le voir. Dès l'abord, le cabinet de Canitz déclara que
cette question était personnelle au roi. Une intervention armée pour rétablir contre l'insurrection neufchâteloise les droits de la Prusse dans le canton-
principauté pouvait rallumer en Suisse ce que la
pacification après la guerre du Sunderbund n'avait
pas complètement éteint. La Prusse devait en outre
réserver tous ses moyens pour la guerre du Schleswig, qui était nationale et tendait à relever son
crédit.

Une position particulière me permet d'intervenir

ici personnellement dans une affaire suisse qui se rattache à la mission de mon ami à Berlin.

Après le rappel de la légation de France à Berne par le Gouvernement provisoire empressé de protester contre la politique de M. Guizot et de M. de Boislecomte, après ses déclarations du manifeste du 2 mars, Lamartine était embarrassé dans le choix pressant d'un représentant du nouveau gouvernement. M. de Reinhard représentait seul la France à Berne, sans mission politique, dans un moment où la Suisse était en travail de réorganisation pour passer, de la Confédération d'États à l'État fédératif, par une assemblée constituante, avec des hommes nouveaux à la tête du canton directeur. Pour un représentant français, surtout républicain, le terrain, très neuf aussi par des complications extérieures, exigeait une connaissance toute particulière de la situation. La Suisse, par le Tessin et le foyer à peine éteint du Sunderbund, était en contact ardent avec le foyer italien, où Milan et Venise, soulevées, comptaient sur le secours du Piémont, que le statut fondamental du roi Charles-Albert préparait à la guerre de l'indépendance. A Paris, on proposait à Lamartine le général de Thiars pour ministre en Suisse, et Lamartine, qui connaissait par moi toutes les difficultés de la situation, ne se pressait pas, cherchait, hésitait encore à l'envoi du général à ce debut diplomatique. Au moment du départ de Circourt pour Berlin, nous avions préparé notre ami à ces questions suisses, et particulièrement à celle de Neufchâtel, qui se ratta-

chait à la Prusse. C'est ainsi que l'idée vint assez naturellement à l'auteur du manifeste pacifique de m'en-
voyer à Berne pour y préparer le terrain et gagner
du temps. De mon côté, dans un triple intérêt modé-
rateur, français, suisse et italien, je n'avais aucun
prétexte pour refuser la mission qui m'était propo-
sée, et je partis immédiatement, officiellement accrédité auprès du gouvernement qui siégeait à Berne,
où M. de Reinhard était aussi abandonné qu'inquiet
sur sa situation personnelle. La mienne, au point de
vue politique et militaire, était à Berne assez bonne.
J'avais énergiquement soutenu dans la presse avec
Rossi son projet de pacte fédéral. J'étais l'ami connu
des hommes qui avaient si dignement représenté le
gouvernement conservateur et libéral genevois ren-
versé par les partis extrêmes avant la guerre du Sunderbund. Un passe-droit, tout politique, avait arrêté
ma carrière militaire en me dispensant, par une démission, de prendre part à la guerre civile, ce qui ne
m'avait pas empêché de défendre énergiquement le
général Dufour dans le journal *la Presse* de M. Émile
de Girardin. Je savais trouver à Berne les passions
très calmées : le parti de la modération libérale, auquel j'avais appartenu, se trouvait honorablement
représenté dans la commission de la Diète, qui travaillait à la nouvelle constitution fédérale. L'accueil
dépassa mon attente, et je fus reçu comme un ami de
Lamartine, avec plus d'honneurs officiels que n'en
comportait une modeste mission, laquelle cependant
se trouvait d'une coïncidence importante par Neuf-

châtel avec celle de Circourt à Berlin, et par l'Italie
avec le rôle de M. de Lacour à Vienne où la révolution du 13 mars était déjà inévitable. La confiance
de Lamartine dans Circourt et moi l'honorait, et nous
honorait d'autant plus nous-mêmes que depuis 1843
nous l'avions vu pencher de plus en plus vers des
idées politiques qui n'étaient pas les nôtres. Pour ce
qui concernait la Suisse elle-même, ma mission était
des plus simples et ne devait rencontrer aucune difficulté. Le manifeste qui garantissait les conquêtes libérales reconnaissait celles des cantons libéraux sur le
Sunderbund, et d'avance aussi la nouvelle constitution
fédérale. Le paragraphe déclarant que les traités de
1815 n'existaient plus pour la République française
enlevait bien à la Suisse et à la Belgique les garan-
ties de leurs neutralités; mais, dans le branle-bas
contre les traités de Vienne et de Paris, la phrase
était sans importance. Le pouvoir exécutif, représenté par le colonel Ochsenbein, ancien chef des
corps francs, me mettait en présence d'un ardent
centralisateur qui n'était ni un radical suisse ni un
révolutionnaire cosmopolite. La plus pressante des
questions extérieures était pour moi celle de Neufchâtel. Je demandai immédiatement quelles seraient
les conséquences d'une intervention armée de la
Prusse pour rétablir l'autorité du roi dans le canton-
principauté. On n'hésita pas à me répondre que si
le gouvernement provisoire neufchâtelois demandait
assistance à Berne, quatre bataillons de piquet se
mettraient immédiatement en marche; autrement le

gouvernement de Berne serait menacé et le feu pourrait gagner les trois quarts de la Suisse. Je dis mon
intention d'en écrire au représentant de M. de Lamartine à Berlin. « Vous ferez bien », me dit-on, en
approuvant vivement ma résolution d'aller voir l'état
des choses, à Neufchâtel même, sans retard. Le lendemain 18 mars, j'écrivis à Circourt, de Neufchâtel,
une lettre que je retrouve dans mon dossier de Berlin. Elle renferme ce que j'ai dit ici de la situation,
en touchant quelques mots d'une vague question
financière dont on avait non moins vaguement
parlé. Je n'avais à remonter avec lui à aucun des antécédents historiques des États de Neufchâtel et de
Valengin, ni à descendre à la situation faite à la confédération par la guerre du Sunderbund, toutes
choses qu'il savait mieux qu'aucun Prussien et aucun
Suisse. Je terminais en ajoutant qu'on attendait avec
impatience à Berne des résolutions de Berlin, et que
les membres du gouvernement neufchâtelois ne seraient relâchés qu'après les réponses qui les relève-
raient de leur serment, ainsi que tous les royalistes
qui assistaient tristement à l'occupation de la ville
par les montagnards.

Circourt, qui savait par les journaux allemands
ma mission à Berne, attendait des nouvelles de moi
pour agir. Il courut porter ma lettre au ministre des
affaires étrangères, et la note alla jusqu'au roi. L'intervention armée n'eut pas lieu; la complication ra-
pide des événements en Allemagne l'eût, du reste,
rendue bien difficile. La lettre de Circourt le disait,

en ajoutant que si l'affaire de Neufchâtel touchait,
sinon aux grands intérêts, du moins à l'honneur de
la Prusse, cette puissance venait de prouver qu'aucun sacrifice ne lui coûtait pour sauvegarder cet
honneur. « Faites pour le mieux à Berne, ajoutait-il
de la part du roi, en faveur des fidélités royalistes et
des personnes. »

Dans un article donné depuis, en 1861, à la *Bi-*
bliothèque universelle, sous le titre de *Frédéric-Guil-*
laume IV, roi de Prusse, Circourt revient sur cette
affaire neufchâteloise de 1848. — « Les fatigues du
gouvernement, les angoisses causées par les pertur-
bations d'un temps difficile, dit-il en parlant du roi,
les incertitudes menaçantes de l'avenir, la conviction
douloureuse que la faveur publique, qu'il avait recherchée par les voies les plus nobles, lui échappait
sans retour, et qu'il n'avait désormais de justice à
réclamer qu'au tribunal de la postérité, toutes ces
causes, agissant à la fois sur une organisation délicate, aggravaient pour Frédéric-Guillaume IV les ef-
fets de l'âge, et réduisaient ses forces d'une manière
alarmante dès l'année 1856. L'affaire de Neufchâtel,
qui survint alors[1], empoisonna les derniers moments
de son administration. »

« Cet événement, comme bien d'autres, éclatait à
l'improviste, et cependant il aurait dû être depuis

---

1. Il s'agit ici de la tentative faite par les royalistes pour rétablir
l'autorité du roi dans le canton-principauté.

bien longtemps prévu et prévenu. Il aurait été sage
et généreux de résoudre cette question en 1848, au
moment où la principauté venait, par une commotion
populaire, de se séparer du trône prussien. Ce sacrifice, qui n'en est pas un pour l'Allemagne, aurait été
facilement concédé au milieu des changements prodigieux qui s'accomplissaient sur tant d'autres points;
la Suisse en aurait su bon gré à l'abnégation et à la
prudence du roi. Mais cette occasion avait été perdue; et, dans le cours des huit années suivantes, elle
ne se représenta plus d'une manière qui eût rendu
plausible le sacrifice demandé à Frédéric-Guillaume IV. Après l'essai malheureux de la restauration à main armée, on reconnut sur-le-champ que
ce mouvement ne pouvait être appuyé par l'armée
prussienne sans devenir l'occasion ou le prétexte
d'une guerre générale. Le roi hésita quelque temps,
trop longtemps sans doute, à faire l'abandon définitif
qui seul pouvait terminer le différend. C'est qu'une
pareille résolution coûtait à son cœur beaucoup plus
qu'à sa fierté; c'est qu'il souffrait, en outre, de la position affligée et diminuée qui résulterait pour ses
loyaux sujets de la principauté d'une abdication définitive de ses droits. D'autre part, il était manifeste que
l'Allemagne n'avait pas le moindre intérêt dans le
maintien de l'une des combinaisons les plus étranges
et les plus fragiles que le congrès de Vienne ait in-
ventées. Le roi, dès qu'il eut pris cette résolution qui
lui coûtait tant, mit la franchise la plus absolue à
en diriger les conséquences et à les exécuter dans

leur teneur; il n'apporta d'insistance qu'à une seule
clause, celle qui intéressait son honneur et plus encore sa conscience : elle se rapportait aux poursuites
commencées contre les auteurs du mouvement royaliste, et dont on exigea l'abandon. Cette clause une
fois concédée, à la demande formelle de la France,
le roi ne voulut retenir rien de ce qui avait trait à
ses avantages particuliers, et toute stipulation pécu-
niaire fut écartée. Peu de temps après, cette brillante
intelligence, dont on voyait approcher le déclin,
succomba tout d'un coup sous le poids de la maladie
et des soucis. » — Dans le même article, je trouve
ce portrait du bienveillant souverain de 1848 : « Les
traits irréguliers de son visage exprimaient la bonté,
l'ouverture du cœur et l'étendue, plus encore que
la finesse de l'esprit; son sourire était irrésistible
par une expression de bonne humeur et de malice
sans amertume; son regard rendait bien compte de
l'état ordinaire de son esprit, disposé à l'expansion
et à l'enthousiasme. Sa conversation n'avait d'égale
nulle part. Le savant, le curieux, l'artiste et le con-
naisseur, l'homme du monde consommé dans l'art
d'orner sa pensée, s'y trouvent tour à tour, quelquefois ensemble, plutôt que le souverain. » Et, souvenir de Sans-Souci sans doute, Circourt ajoute :
« Dans les circonstances les plus graves, le roi ne
résistait pas au charme sérieux des recherches érudites, au plaisir raffiné des causeries purement littéraires. Il comprenait, outre les langues classiques,
presque tous les idiomes vivants de l'Europe. Le res-

pect dont il était pénétré pour l'essence du christianisme véritable, la liberté intellectuelle, était simple
et profond. La loi divine, constamment rappelée dans
ses discours et appliquée dans ses actes, donnait à
toute la teneur de sa vie la dignité d'une obéissance
librement consentie envers l'auteur de tout pouvoir,
et d'une inébranlable adhésion aux principes immortels dont la stabilité frappe davantage au milieu du
tourbillon où vont incessamment s'engloutir les combinaisons caduques de la politique séculière. »

La question italienne devenait, pour la Suisse, en
1848, d'une grande gravité, et, pour la France, de
plus en plus embarrassante, car elle datait de loin. La
révolution de Février trouvait les princes italiens, et
Pie IX à leur tête, en larges voies libérales et même
d'indépendance nationale. Le gouvernement du roi
Louis-Philippe, et M. Guizot particulièrement, avaient
favorisé et encouragé le mouvement progressif et libéral par l'envoi du comte Rossi comme ambassadeur
du roi près du Saint-Siège. Les exaltés, depuis la
chute du trône en France et la transformation du
comte Rossi, devenu conseiller et ministre du pape
libéral, reniaient le libéralisme doctrinaire et n'acceptaient pas le secours monarchique du Piémont
sans arrière-pensée. Au milieu de mars, le feu républicain couvait encore sous la cendre en Italie comme
en Allemagne. Ce ne fut qu'au 15 avril que la Diète
suisse eut à délibérer secrètement sur un secours de
30,000 hommes, avec une réserve de 20,000, solli

cité par l'Italie. Le rapport de la commission, dont
M. Kern, aujourd'hui ministre à Paris, faisait partie,
ne fut pas favorable, et le général Raccia, envoyé
par le roi Charles-Albert, repartit fort peu satisfait.

L'idée de cette intervention de la Suisse dans les
affaires italiennes datait des premiers jours après la
révolution de Février. Le manifeste de Lamartine
n'avait pas été pris au sérieux par les violents, per-
suadés que la France serait forcément poussée à la
guerre. Parmi ceux qui n'en doutaient pas, le grand
agitateur James Fazy était entretenu dans ses illusions par ses correspondants parisiens. Il vint me
voir et ne s'étonna point de m'entendre confirmer la
ferme résolution de Lamartine de se renfermer dans
son manifeste. Mais il prédisait la chute prochaine
du poète pacificateur : « Vous encouragez Ochsenbein
dans une mauvaise voie, me dit-il. Votre poète, dans
ses nuages, ne se fait aucune idée de la disposition
des esprits, pas plus en France qu'en Europe. Le
mouvement républicain est prêt à éclater en Allemagne, comme en Italie, et les trois républiques,
des trois races et des trois langues ne tarderont pas
à se donner la main. La Suisse avait un beau rôle ;
vous conseillez mal votre pays. »

Je n'étais d'humeur à entamer aucune discussion
sur de pareils sujets. Il me quitta plus narquois que
violent, avec plus de pitié pour ma naïveté que de
colère contre ma politique.

Il n'en était pas moins bien informé. Les trois républiques ne tardèrent pas à faire parler d'elles ; à

Rome, par l'assassinat de Rossi; à Vienne et à Francfort, par ce qu'on a vu; et finalement à Paris, par
Barbès et les journées de Juin.

L'avertissement de Fazy me renferma plus stric-
tement encore dans mes instructions, et je répétai de
nouveau à Berne l'avertissement formel de ne compter sur aucun secours armé de la France tant que
l'auteur du manifeste serait aux affaires.

Quand Circourt fut violemment attaqué par les
Polonais, je le fus de mon côté par les journaux de
James Fazy et de ses amis, qui m'accusèrent d'avoir
fait avorter à Berne ce qu'on attendait de la Suisse
pour le grand triomphe républicain.

Les rapports de Circourt et les miens avec M. de
Lacour furent très simplifiés par les grands événements de Vienne, et le rôle d'un agent français dans
cette capitale, réduit en quelque sorte à celui de
simple spectateur. La conduite de M. de Lacour dans
ce rôle fut très correcte, très digne et très prudente,
suffisamment accentuée pour ne donner aucun encou-
ragement à l'insurrection et lui valoir l'estime du
gouvernement et de la famille impériale. « M. de
Circourt, par ses dépêches, écrivait-il après les
publications du mois de mai, a fait la lumière sur la
Pologne. » En somme, le rôle de Lamartine, sa politique extérieure, son manifeste, furent justifiés par
l'initiative de réaction, plus prompte à se produire en
France, après le 15 mai, que dans le reste de l'Europe. Les journées de Juin, Cavaignac et le prince
Louis-Napoléon eurent bientôt pour la répression

7

plus de voix que n'en demandaient les libéraux parlementaires.

Circourt, autoritaire parlementaire, avait à faire
valoir ses actions d'éclat de Berlin pour rentrer dans
la carrière diplomatique. Un seul poste eût pu lui
convenir par la nature des relations loin de l'Europe
et des questions monarchiques : celui de Washing-
ton, mais il fut donné par M. Bastide à M. Guillaume
Tell Poussin.

En quittant Berlin pour se rendre à Godesberg,
sur les bords du Rhin, Circourt passa par Dresde
et fut reçu par sa vieille connaissance, le roi Jean.
Il alla faire acte de présence à Paris pendant les
journées de Juin, et assistait le 12 août au sixième
centenaire de la fondation de la cathédrale de Cologne, où, perdu dans la foule, il se borna à saluer le
roi Frédéric-Guillaume IV.

Ma correspondance suivit mes amis l'hiver à Ve-
vay, et je ne tardai pas à les rejoindre sur les bords
du lac de Genève.

Les Circourt ne rentrèrent à Paris qu'à la fin de
1849. Ils s'étaient dignement montrés à Berlin, au
foyer le plus ardent de la crise extérieure, où ils
avaient formé de nombreuses relations et renoué les
anciennes. L'expérience politique du mari dut y gagner, et le salon de la femme ne devait rien y
perdre.

V

FROHSDORF. — 1852.

La mission de Circourt à Berlin et le spectacle
de l'Europe, si profondément troublée depuis trois
années, se raffermissant dans le principe monarchique qui poussait la France elle-même au second
Empire, l'affermissait lui, plus que jamais, dans la
conviction que la légitimité du droit historique pouvait seule reprendre solidement racine dans son pays.
L'expérience de la restauration de 1814, sur un sol
profondément bouleversé, n'était pas concluante à
ses yeux. Tout, du reste, avant et après elle,
s'écroulait dans le trouble, le sang et la gloire. Si le
parlementarisme du drapeau blanc comptait trop sur
sa base, celui du drapeau tricolore ne put s'affermir
sur aucune. Et quel spectacle la France donnait-elle
à l'Europe? La République de 1848, retenue par le
sabre du général Cavaignac sur la pente de l'abîme
qu'elle venait d'ouvrir, prenait avant la fin de l'année l'élan qui porta le prince Louis Bonaparte à la
présidence. De ce moment, l'impulsion impérialiste

devenait irrésistible : le plébiscite du 20 novembre 1852 était dans l'air avant d'être dans les urnes.

Dans cet entraînement vers un second Empire, les chances des orléanistes avaient été faibles, celles des républicains nulles : ces deux partis restaient sous le coup de leurs récentes défaites. De sorte qu'entre les quatre partis qui divisaient et divisent encore la France, les légitimistes purent seuls la tête haute arborer leur drapeau. Ils devaient ce privilège à leur inébranlable foi dans la légitimité d'un droit impérissable et au respect dont s'était entouré par la dignité de son exil le prince qui représente ce principe. A l'heure où tout venait d'être remis en question, les hommes sérieux du parti n'avaient rien négligé pour faire ressortir ce que cette position offrait de noblement exceptionnel. On ne redoutait pas l'épuration inévitable qui devait rallier les légitimistes absolutistes à l'Empire, en comptant sur les *berryéristes* et les royalistes libéraux pour confirmer, par leur fidélité, M. le comte de Chambord dans la profession de liberté sage qu'il considérait comme un devoir de sa cause.

Circourt savait le prince dans ces dispositions, lorsqu'un de ses amis, ancien membre de l'Assemblée législative, lui proposa de l'accompagner à Frohsdorf. Il s'empressa d'accepter, saisissant l'occasion de faire acte de royaliste et de bon Français. Ses idées sur l'avenir du second Empire étaient arrêtées. Il prévoyait qu'après un début rassurant les meilleures intentions ne tarderaient pas à être faussées, de plus en plus dévoyées par les coalitions d'implacables ennemis, et que l'Empire s'effondrerait inévitablement dans la guerre par la fatalité du boulet d'origine attaché à la serre de son aigle.

Il avait vu M. le duc de Bordeaux à Prague en 1835, tenu dans la tutelle du roi et du Dauphin. Il le retrouvait homme fait, jeune et mûri, chef de sa maison, voilant sous le titre de comte de Chambord la dignité des droits qu'il représente, directeur d'un parti fidèle, dévoué, mais divisé sur la politique d'abstention qui lui était alors imposée avec un mélange d'autorité et de persuasion ; politique rigoureusement juste, mais plus idéale que pratique.

Le prince exerça sur le visiteur la séduction dont le secret appartient aux Bourbons depuis Henri IV, séduction que nul autre depuis cet ancêtre n'a possédée au même degré. « S'y soustraire, m'écrivait Circourt, n'est pas facile. Les plus prévenus y succombent et restent sous son impression longtemps après que ce regard ouvert et pénétrant, cette cordialité engageante, cette dignité qui met à l'aise en faisant sentir la limite sans la tracer, cessent d'agir par la présence. » Toutefois, le royaliste sous le charme gardait toute son indépendance personnelle dans ses respectueuses observations. Il admirait, chez son royal interlocuteur, l'accord d'une absolue conviction sur l'avenir réservé à son principe, la nécessité d'y revenir, son efficacité pour donner toutes les solutions, avec l'étude presque exclusive des affaires de France à laquelle il se livrait sans relâche. Les moyens d'information et d'observation qu'il savait rassembler n'étaient pas moins dignes de remarque. On ne pouvait être que profondément touché des sentiments de famille qui dominaient tous les ressentiments de 1830 chez l'innocente victime des événements d'alors. Si le prince y revenait dans la conversation avec tristesse, c'était aussi dans la ferme résolution de n'acheter par aucun abandon la satisfaction de ce qui paraissait chez lui bien moins une ambition qu'un devoir : la restauration du trône de France. Pour atteindre ce but, sa loyale pensée n'admettait ni les compromis, ni les souterrains ténébreux, ni les habiletés inavouables ; en un mot, l'hermine royale sans souillure. Il ne voyait dans les trônes brisés, les chutes accomplies et les chutes inévitables que la logique de la loi divine dans l'histoire.

L'admiration de Circourt pour cette foi sereine dans l'avenir arrêtait sur les lèvres du savant tout ce que les enseignements du passé lui suggéraient d'arguments froidement politiques. Les Stuarts et Guillaume III ne pouvaient point être appelés en témoignage. Aide-toi, Dieu t'aidera, n'était ici que l'aide des prières. Avec le dévouement qu'il apportait, l'embarras respectueux et le découragement du royaliste se comprendront facilement. Il était soumis à l'épreuve de ne plus entrevoir pour son pays, dans la lointaine perspective des confusions, d'autre main que celle du hasard tourner le roi d'un jeu de cartes biseautées.

Que pouvait-il opposer à des convictions qui pui-
saient leur force dans un exil si noblement supporté
et le bel exemple donné par tous les actes de la vie
privée ? Les nécessités, vraies ou prétendues, des
transformations modernes étaient, les unes, recon-
nues et acceptées franchement par le prince, les autres, victorieusement réfutées à la suite d'une étude
approfondie, sans préventions ni répugnances, de
toutes les questions redoutables dont la prépondérance s'impose de plus en plus. Le royal architecte
montrait sur son plan la place de chaque pierre d'un
édifice fondé sur des bases inébranlables.

L'attachement des personnes qui entouraient M. le
comte de Chambord, personnes considérables pour
la plupart, était aussi frappant que son indépendance à leur égard. « Le roi, continuait à m'écrire
Circourt, n'a pas de ministres, encore moins de
favoris. Religieux au fond du cœur et des racines de
son intelligence à sa plus haute cime, il ne témoigne
aucune superstition, aucune servitude envers les
hommes d'église. Au fond, c'est un catholique de la
douce et très française école de Charles X. Il com-
prend la liberté, l'estime, et voit que sa vocation, si
elle s'accomplit un jour, sera de restaurer les franchises de la France autant que l'autorité de la couronne. Mais, au sujet des mesures dont il aurait,
comme législateur, à prendre l'initiative, il attend le
conseil des événements. En toutes choses, il porte
sur le grand théâtre et sur les acteurs dans les

scènes de la vie publique un coup d'œil tranquille, sachant que tout ce qui s'y passe dépend des conseils de la Providence et voyant tous les acteurs jouer, pour la plupart à leur insu, les rôles qui leur ont été distribués là-haut. »

Ceci est écrit en 1852. Et, dernière impression où la réflexion se mêle au charme exercé par cette irrésistible nature, il disait encore : « Les chances du prince n'ont en réalité subi aucune diminution sérieuse ; je ne vois pas qu'une autre politique eût fait mieux. Il est dans l'essence de pareils principes de grandir presque sans limites si la nécessité ramène un jour la combinaison légitime pour rendre le calme à la France et pacifier l'Europe ; et nulle autre chose que la nécessité ne peut ouvrir à Henri V les barrières d'un pays où son nom, son caractère et ses antécédents l'obligent à ne reparaître que comme le Roi. »

Je ne me permets aucun jugement personnel, porté après vingt-huit ans sur une politique expectante que rien ne paraît avoir modifiée, ni la fusion orléaniste, ni les transformations du pays et de l'Europe par les guerres et les révolutions, ni le réveil des questions religieuses, ni les chances royalistes françaises soumises à la couleur du drapeau. L'abstention prudente, remarquée par Circourt, fondée sur une connaissance parfaite du terrain, fut, dans tous les cas, mieux avisée que la confiance de Napoléon III dans son étoile, ou celle des partis d'action, dans une catastrophe quelconque ; en même

temps qu'elle ne fut complice d'aucun des aveugle-
ments qui amenèrent la guerre de 1870 et l'amputa-
tion de la France.

A Frohsdorf, en 1852, dans les promenades où
l'on parlait librement de choses difficiles à traiter et
simplement de ce qui n'exigeait aucune contrainte,
Circourt fut frappé du sens exquis, touché de la
bonté délicate avec laquelle étaient envisagées des
questions franchement soulevées avec la même
douce et noble expression de pensées. L'exilé de
1830 n'avait pas à se louer de l'attitude à son égard
de plusieurs cours européennes. Le visiteur, pour sa
part, le ressentait amèrement; mais sur ce sujet le
prince était laconique et froid, sans avoir rien tenté
pour modifier ces dispositions. De tous les souverains
d'alors, Frédéric-Guillaume IV fut celui qui s'affran-
chit le plus des calculs de la politique. L'hospitalité
autrichienne est hors de cause. L'envoyé de Lamartine à Berlin savait mieux que personne à quel point
le caractère et les principes du roi de Prusse l'en-
traînaient vers celui qu'il considérait comme l'héritier du trône de France, nécessaire à l'ordre et à la
paix de l'Europe.

Ce séjour à Frohsdorf rapprochait le gentilhomme
lorrain d'une princesse de la maison de Lorraine peu
connue en France : Marie-Thérèse, archiduchesse
d'Autriche d'Este, comtesse de Chambord. La profonde et respectueuse affection de son époux témoignait des hautes vertus et du grand cœur que la

modestie d'un esprit libre dans une grande piété et
la réserve imposée par une pénible infirmité tenaient
trop dans l'ombre. De la difficulté d'entendre et de
prendre part à la conversation résultait une timidité
rare dans une si haute situation, timidité naturelle
mais gracieuse, surtout avec les nouveaux venus du
pays qui tenait la première place dans ses prières.
Circourt fut vivement attiré, intéressé par une nature
d'élite superficiellement jugée en France ; il ne tarda
pas à reconnaître, dans la double nature allemande et
italienne de_la princesse, une culture d'esprit sérieuse
unie au sentiment des arts le plus exquis. Tous
étaient captivés par la douce bonté et les grandes
qualités en évidence, mais la contrainte inévitable
permettait rarement aux visiteurs d'une heure des
appréciations plus complètes. Celles de Circourt furent moins superficielles. Il n'est pas le seul que
j'entendis depuis regretter que cette princesse étrangère ne fût pas mieux connue de ceux qui abusent du
privilège de la nation française de se trop désinté-
resser des choses du dehors.

Frohsdorf portait à cette époque avec toute la
France royaliste le deuil de Madame la Dauphine.
L'orpheline du Temple avait accepté, comme veuve,
du Dauphin, sans y prendre garde, la couronne
d'épines d'une reine de France et M. le comte de
Chambord lui gardait toute l'admiration attristée et
la vénération dont il l'avait vue entourée depuis son
berceau. La fille de Marie-Antoinette, élevée à
Vienne, avait eu pour l'une des directrices de son

éducation une parente de Circourt : la comtesse du
Houx de Dombasle. Les Dombasle de la même famille que les du Houx de Viomesnil avaient suivi
la fortune du duc François de Lorraine en Autriche.
La comtesse, femme d'un major général, occupait
une haute position à la cour impériale, lorsque la
jeune princesse fut confiée en partie à ses soins.
Tout ce qui se rattachait dans le passé, comme dans
le présent, à Madame la Dauphine participait de
l'auréole dont l'éclat avait été transporté, par la
mort, du front d'une reine à celui d'une sainte. Sous
la Restauration, elle n'avait mis le pied sur les mar-
ches du trône que pour y pratiquer les sévères vertus
qui la préparaient au second exil de ses vieux ans à
Frohsdorf, et sous le toit du château de Pütten, dans
le voisinage, qui lui appartenait.

L'aumône, sans cicatriser les stigmates de ses
mains royales, laissait partout des traces ineffaçables.
La charité, seul baume de plaies incurables, la charité, dans ce qu'elle a de plus simple et de plus grand
sous sa forme la plus haute, celle du pardon, fut son
apanage. Un regard sévère arrêtait sur les lèvres d'un
nouveau venu toute parole de blâme à l'adresse de
ceux sur lesquels les foudres légitimistes ne frap-
paient que des innocents. Son oratoire et la chapelle
du château furent le but d'incessants pèlerinages. De
simples ouvriers vinrent à Frohsdorf en députation
populaire. Reçus par la fille de Louis XVI et de
Marie-Antoinette avec la calme dignité d'une affa-
bilité sans arrière-pensée, l'orpheline par l'échafaud

leur fit visiter, elle-même, une demeure pleine de ses
souvenirs de France. « Et l'on nous raconte, se disaient,
en sortant, les visiteurs que ces gens-là ont de la ran-
cune au cœur. » Telle fut cette princesse « aussi
prodigue d'aumônes que de pardons », écrivait Circourt.

Les amis qui partageaient alors l'exil du roi
étaient : le comte de Montbel, le duc de Lévis,
alter ego du prince en France auprès du parti, le
baron et le comte de Damas, le comte de la Ferron-
nays, le comte de Monti, le duc et le comte de Blacas,
amis de cœur; le dernier, le comte Stanislas, est
investi maintenant encore d'un mandat qui ne saurait
être en plus dignes mains. L'hôte du prince retrouvait
là dans l'intimité d'une familiarité respectueuse l'esprit français de l'hôtel du maréchal de Viomesnil et
de la cour aux premières années de la Restauration.
Il y revoyait la bonne grâce, unie à la simplicité du
langage et à la noblesse des sentiments, la bienveillance aimable sans aucune affectation. « Je reconnais ici, m'écrivait-il, l'école de nos amis du même
monde dans une oasis moins ouverte aux souffles brû-
lants du dehors. » Il ne s'éloigna pas sans regret de
cette épave du naufrage de la vieille France, rou-
lée dans l'écume des tempêtes, échouée sur la terre
étrangère. Frohsdorf apaisait chez lui ce que Paris et
Berlin avaient trop agité. Il se demandait si le silence
du respect ne l'avait pas mieux inspiré là que les vel-
léités de ses conseils politiques. Le savant, sans être

trahi par l'histoire, l'accusait de le dérouter par ses brusques déraillements sur des voies complètement nouvelles. Car l'industrie et les audaces de la science annonçaient déjà des puissances de force à transformer la France, l'Europe et le globe entier, au moment où l'Empire rentrait en scène par l'arc de triomphe de l'Étoile. Un double voile, plus épais que jamais, retombait et pour longtemps sur le grand théâtre des événements. Les lis de Frohsdorf avaient le temps de pousser dans une ombre discrète.

Revenu dans la capitale, Circourt ne tarda pas à être témoin de la division du parti légitimiste prévue par les amis du comte de Chambord, moins préparés à voir une partie du haut clergé se rallier à l'Empire. Il y reconnut la tradition napoléonienne du Concordat et la croix de saint Pierre relevée pour la seconde fois sur les ruines gallicanes. Dans les complications religieuses, soulevées par l'abbé de Lamennais, Lacordaire et le comte de Montalembert, il tint en grande estime ce dernier sur lequel il a laissé une étude remarquable dont le titre figure à notre Appendice.

Au point de vue politique, il était revenu de Frohsdorf d'autant plus impressionné qu'il savait, par de longues et franches conversations avec l'héritier du trône, tout ce que la France perdait à d'inflexibles résolutions. Le prince, de son côté, avait assez apprécié les profondes connaissances de son visiteur et sa valeur politique, pour lui inspirer le désir d'en

profiter à l'occasion. L'observateur européen et l'ex-
diplomate de Berlin rédigea depuis, sur la situation
générale de l'Europe, dans les circonstances importantes qui ne firent pas défaut, des notes qui furent
toujours bien accueillies. Il avait trop de tact et de
nouveaux motifs pour ne pas se renfermer, de plus en
plus, dans les grandes généralités politiques et religieuses fournies par les événements. Il savait qu'on
ne professait pas l'immobilité et comment on aimait
la France. L'histoire d'Angleterre dut jouer un rôle
cependant, dans ses digressions érudites, car elle fu
toujours par ses études comparatives, un peu forcées
peut-être, ce qui soutint ses espérances. On peut en
juger par un travail sur l'histoire de Guillaume III de
Macaulay publié dans la *Bibliothèque universelle,* en
1858. Il y accuse l'auteur anglais de ne s'être pas rendu
compte de l'empire irrésistible que, dans les esprits
les mieux faits et les plus larges, l'action d'un principe peut légitimement exercer, brisant ou rejetant
sur le second plan tout ce qui lui fait obstacle
« L'Angleterre depuis la fin de 1688, disait-il, n'eu
qu'un gouvernement, mais les Anglais, dans toute la
période qui suivit la Révolution, eurent deux rois et
celui qui vivait *au delà de l'eau* se vit à plusieurs re-
prises bien près de ressaisir le sceptre grâce à la per-
sévérance, au dévouement, au nombre même de ses
adhérents.... tant les systèmes, qui ont régné sur les
âmes et dirigé les événements dans les grandes nations et durant de grandes périodes, mettent de temps
à mourir. » Mais le royaliste français ne dut-il pas

tenir compte aussi des profondes distinctions à faire
entre les origines de race, de caractères, de divisions,
les tendances politiques et religieuses des deux nations? Au point de vue historique, aucune comparaison n'est à faire entre l'appui donné par Louis XIV
aux Stuarts et la froideur des puissances européennes
depuis 1830 pour le rétablissement de la branche
aînée des Bourbons, entre le prétendant Charles-
Édouard et M. le comte de Chambord, entre les
expériences parlementaires de 1814 et de 1815, et l'expérience consommée par Guillaume d'Orange, apportant des Provinces-Unies tout ce que les ressources
du crédit et la pratique d'institutions éprouvées
donnèrent de force et de stabilité au gouvernement
parlementaire des Anglais. Ce gouvernement de la
grande puissance maritime des temps modernes, dans
ses conditions aristocratiques et largement démocratiques, libérales aussi par-dessus tout, était pour Circourt le modèle à suivre dans notre phase historique.
Elle seule se prêtait, à ses yeux, par la solidité de ses
larges fondations, à toutes les éventualités des transformations présentes et futures.

Avec cette conviction, son rêve d'avenir pour la
France monarchique ne pouvait être que la légitimité
libérale, représentée par Henri V entouré d'une famille
ralliée à son chef, dont les princes offrent au pays,
avec la stabilité héréditaire et leurs alliances européennes, tous les titres personnels de nature à entourer
d'estime et de respects une maison royale.

VI

En 1853, Mme de Circourt, plus lasse que son mari des étés passés à l'étranger, fut la première à désirer un établissement pour la belle saison dans les environs de Paris. L'expérience d'une location à la Celle-Saint-Cloud décida l'acquisition d'une propriété dans ce charmant village. Le petit patrimoine de Circourt et des legs successifs de Besançon permettaient cette acquisition, alors peu importante, augmentée depuis avec la volonté patiente et le savoir-faire qui caractérisaient la comtesse.

Une maison bourgeoise que venait de quitter Jules Sandeau, entourée de beaux ombrages, se prêtait, avec ses mouvements de terrain, aux intelligentes transformations. Hors du village, sur les hauteurs qui dominent la Seine, Bougival, Marly, Louveciennes et la plaine jusqu'à Saint-Germain, *les Bruyères,* sur la lisière des bois de la Malmaison, furent à la fois la demeure d'une femme du monde et l'idéal d'une retraite studieuse. On y venait de Paris par Rueil

8

et la Marche, et l'on y voyait les voisins, parmi lesquels le savant M. Naudet, de l'Institut, fut une
bonne fortune.

L'hospitalité de l'ermitage était charmante et la
plume infatigable y trouva de tranquilles heures dont
elle profita largement. Les articles dans les revues
et les publications françaises ou étrangères continuaient à vulgariser la science, en faisant valoir surtout les écrits des autres. Ce que Circourt écrivit
alors, sur sa mission à Berlin, sur Frohsdorf, la politique européenne et les plus hautes questions religieuses qui s'y rattachent, ne fut livré sous aucune
forme à la publicité. L'heure, en effet, eût été mal
choisie pour occuper le public de ce qui remontait
aux traditions historiques, au moment où le second
Empire les brisait et faisait d'elles, comme le premier
la préface des épopées. Celle de 1852 débutait par
la guerre de Crimée, avec les Anglais pour alliés. Une
jeune et belle impératrice donnait à la nouvelle cour un
éclat auquel n'avaient aspiré ni la cour de la Restauration malgré ses brillants souvenirs, ni celle du trône
de Juillet par son origine démocratique et populaire.
La noblesse impériale y reparaissait, avec des noms
qui marquaient les pas du Géant sur la carte de l'Europe, et les gloires les plus blasonnées de la vieille
France y comptaient des représentants. Ces ralliés
royalistes se rattachaient, pour la plupart, à des relations que la chute du premier Empire et l'exil de la
famille Bonaparte n'avaient pas rompues. Ils jouèrent
un rôle important dans l'entourage du prince Louis

Napoléon aux débuts de son installation à l'Elysée.
Les entreprises de Strasbourg et de Boulogne, dans lesquelles le prisonnier de Ham avait payé de sa personne,
comme Charles-Édouard et la duchesse de Berry, lui va-
lurent auprès des uns de n'être pas jugé de force à se
tailler un manteau impérial dans les rêveries d'un prétendant, et chez les autres de s'être montré assez chevaleresque pour laisser entrevoir le rôle d'un Monk.
C'est ainsi qu'avant le coup d'État du 2 décembre, le
faubourg Saint-Germain donna, pour un moment, aux
salons de l'Élysée le grand air qui ne rappelait en rien
les fêtes du Directoire dans le même palais. Plus sérieux fut alors le rapprochement de quelques hommes
des vieux partis, tels que M. de Falloux, qui ne refusè-
rent au Président ni leurs conseils ni leurs services.

Depuis le retour des Circourt, après Berlin, le
salon de la rue des Saussayes avait maintenu sa neutralité et, dans le désarroi d'assez courte durée, il
fut un des premiers à inaugurer une ère nouvelle mé-
morable dans l'histoire des salons de Paris. Il s'agit
du rapprochement de deux puissances dont les relations mondaines, diverses sous les anciens régimes, ne
furent jamais, surtout sous le gouvernement de Louis-
Philippe, ce qu'elles allaient devenir au début du second
Empire. Le monde légitimiste avait toujours compté
parmi les siens des membres de l'Académie française
et des écrivains de premier ordre. Ouvert aux distinctions et aux charmes de l'esprit, il ne fut jamais fermé
surtout aux lettres bien pensantes. Mais les tendances philosophiques, littéraires et politiques, qu'on

accusait d'avoir ébranlé la Restauration pour s'épanouir après 1830, menaçaient trop de principes politiques et de convictions religieuses pour permettre aux salons légitimistes des jugements impartiaux sur les représentants, même les plus illustres, des hardiesses de la pensée. Les salons royalistes, ouverts sous la République de 1849, furent ceux des orateurs du parti et des écrivains qui y revenaient comme membres de l'Assemblée législative. De ce côté-là, rien n'avait été désorganisé par l'avènement de l'Empire. Il n'en était pas de même dans le camp des vrais vaincus. Plus calmes, les légitimistes furent ainsi les premiers à reconnaître que les aigles n'étaient pas des oiseaux de proie, au moment où les souvenirs du premier Empire et de ses embargos sur les libertés de la pensée, de la plume et de la parole, poussaient les maîtres dans l'art d'écrire et de parler, à peu d'exceptions près, vers l'opposition persistante; opposition qui ouvrait, avec des séductions particulières, les deux battants de portes jusque-là seulement entr'ouvertes.

Le grand égérisme politique, auxiliaire des joutes parlementaires du Gouvernement de 1830, ne devait pas lui survivre. Mme Récamier suivit de près Chateaubriand dans la tombe. Mais le règne séculaire des femmes sur les lettres françaises, sinon sur la politique, n'avait rien perdu dans le sérieux de la table à thé d'importation anglaise. Ce que les maîtresses de maison tenaient des anciennes traditions, et de charmantes frivolités plus modernes, devait à l'école des

révolutions des regards ouverts sur de plus larges
horizons. Ce que les hommes politiques de leurs intimités apportaient chez elles des ministères ou de la
tribune y trouvait des jugements plus justes, plus
impartiaux et plus fins que ceux du public et de la
presse. La conversation y gagnait en gravité sans
rien perdre de ses privilèges tout français. La défen-
sive et l'offensive politique ont des devoirs de bon
goût et de bon sens dont le tact de femmes supérieures sait tirer le meilleur parti. La causerie, dont
se passent les barbares, est un besoin de première
nécessité pour les maîtres de la parole chez les nations
bien disantes. On ne se figure pas les éloquents du
portique d'Athènes passant leurs soirées, avec Socrate
et Périclès, ailleurs que chez Aspasie. Les maîtresses
de maison qui guettaient de précieuses conquêtes
pour leurs salons veillaient sur les approches.

La comtesse de Circourt, bien avisée, fut une des
premières à réunir chez elle les illustrations dont plusieurs tenaient son savant époux en grande estime;
ce qui rendit très naturelles dans le salon de la rue
des Saussayes des relations entre personnes préparées
à se mieux connaître. La duchesse de Rauzan ne tarda
pas à suivre un exemple qui la ramenait aux traditions
lettrées de l'hôtel de Duras, et le plus grand nombre
des maisons que j'ai nommées plus haut n'eurent qu'à
s'applaudir de rapprochements qui furent réellement,
dans ce moment de trêve désarmée, le couronnement
du grand passé des salons parisiens.

Avec Mme de Circourt, une étrangère comme elle

ne saurait être oubliée dans la part qu'elle prit à ces rapprochements. Une aimable Américaine du Sud, sœur du général Lee, qu'on a vu depuis commander l'armée sudiste dans la grande guerre civile, Mme Lee-Childe, devait à la distinction de son esprit et à toutes celles d'une femme du monde de nombreuses relations dans la haute société parisienne. Elle réunissait dans son salon de la rue de la Ville-l'Évêque les représentants les plus distingués et les plus illustres des lettres, des sciences et des arts, avant les rapprochements dont je viens de parler. Ils furent, avec ceux de la rue voisine des Saussayes, le début des premières nouvelles rencontres mondaines. M. Childe était un publiciste distingué, connu par ses correspondances et ses écrits. Des relations avec Alexis de Tocqueville et d'autres hommes politiques avaient amené chez lui MM. Mignet, Villemain, Cousin, Mérimée, Alfred de Vigny, le comte de Salvandy, en même temps que le duc de Fézensac et ses gendres MM. de Flavigny et le général de Goyon. Légimistes, orléanistes, impérialistes, s'y rencontraient dans la neutralité de l'Union américaine. Le salon des Lamartine, qui avait passé l'eau, de la rue de l'Université au même voisinage des Circourt, était moins ouvert, plus cosmopolite et d'avant-soirée surtout ; la retraite de l'éloquent et brillant causeur à dix heures y faisait arriver de bonne heure les amis et les admirateurs français et étrangers.

La revanche de Waterloo prise à Sébastopol, avec

les Anglais pour alliés, consolidait l'Empire au dedans
et au dehors. Sans oublier leurs princes exilés, les
royalistes ne se refusaient pas à jouir d'une sécurité
toute nouvelle pour la jeune génération. Les opposi-
tions mondaines se réorganisèrent dans des conditions
nouvelles et d'entrain sans antécédents, quand les ambassades redevinrent les terrains neutres où s'étu-
diaient, surtout en Autriche, les élégances qui ne se
rencontraient pas toujours aux Tuileries. C'était le
prélude de ce qu'on a vu plus tard, lorsque la souveraine mit le patinage à la mode sur les nouveaux lacs
du bois de Boulogne, où les étoiles des deux camps
brillèrent par les mêmes charmantes inexpériences et
les mêmes chutes gracieuses devant lesquelles les bras
secourables de tous les partis étaient ouverts. Ces
deux mondes ne se rapprochèrent pas autrement dans
les dix-huit années du règne impérial. L'un et l'autre
bénéficièrent de la sécurité qui donna l'essor au ra-
pide et prodigieux accroissement de la richesse publique et privée. Les enrichis les plus hostiles à
l'Empire se résignèrent à bâtir de beaux hôtels dans
les quartiers nouveaux, et Paris, par ses squares, ses
avenues, ses jardins et ses parcs, n'eut plus rien à en-
vier au Londres le plus aristocratique.

On était loin encore de ce moment-là, lorsqu'en 1856, le congrès de Paris donnait aux réceptions de quatre à six heures de Mme de Circourt un
intérêt particulier. Les événements du dehors s'y dis-
cutaient plus librement que dans un salon tout à fait
français. C'était le domaine de la comtesse : Circourt

y paraissait, mais il n'y restait guère, et achevait ailleurs sa soirée, emporté par son besoin de mouvement. La diplomatie se trouvait là plus à l'aise qu'ailleurs. Le comte de Cavour réussit à se faire admettre au congrès comme représentant du souverain dont une main se posait déjà sur la couronne d'un roi d'Italie. Bien qu'il ne fût encore qu'au début de *ses illustres crimes,* le ministre de Victor-Emmanuel était plus difficile à présenter aux amis de Mme de Circourt que d'autres membres du congrès et que son compatriote le vieux comte Orloff. La chose ne l'effraya point : elle comptait sur la curiosité qu'inspirait le monstre, lequel n'était là, ni le diplomate, ni le ministre, mais l'étranger membre d'une famille avec laquelle elle entretenait des relations, comme on l'a vu, depuis 1829.

On peut juger par les titres des ouvrages dont Circourt rendit compte en 1855 et 1856 qu'aucun ne se rapporte à l'Italie, qui l'avait cependant jadis si vivement occupé, de 1832 à 1841. Il venait de rendre hommage, dans la *Revue contemporaine,* au beau travail de M. Mignet sur Charles-Quint, et la *Bibliothèque universelle* recevait un article sur les mémoires pour l'*Histoire des royaumes de Provence et de Bourgogne,* par le baron de Gingins. Il perdait en 1856 un ami précieux : Augustin Thierry. L'historien de *la conquête de l'Angleterre par les Normands* avait dit à l'écrivain américain Ticknor : « Si M. de Circourt voulait choisir quelque portion obscure de l'histoire, entre le VIe et le XVIIe siècle, et se vouer à la traiter, il nous laisserait

tous derrière lui. » Le travail inédit sur *le Pouvoir
temporel des papes dans ses rapports avec la monarchie française* et ce qu'il a laissé sur l'Eglise gallicane sont postérieurs. Thierry, s'il eût connu ces
volumes, qui ne verront pas le jour, eût trouvé la
confirmation de ce qu'il pensait de la puissance de
l'auteur.

Ce que Cavour recueillit en 1856 des sentiments
et des prévisions de Circourt sur le pays dans lequel
il était appelé à jouer un si grand rôle, je l'ignore.
Je puis cependant affirmer que le savant n'avait vu
jadis dans les aspirations italiennes des amis de Bonstetten et de Sismondi, tels que le général Filangieri, fils de l'illustre auteur de *la Science de la législa-
tion,* dans le marquis Gino-Capponi, et d'autres encore,
que les continuateurs des Beccaria, des Verri et des
princes Lorrains eux-mêmes. Il appartenait au temps
où il eût été de mauvais goût, dans un salon de Paris,
de ne pas plaindre ce qu'on appelait déjà l'Italie et de
rester froid aux *Prisons* de Sylvio Pellico ; mais en 1856,
le voile qui couvrait l'avenir prochain de cette Italie
n'était pas plus soulevé que celui qui s'étendait encore, à la fois, sur les ruines de l'édifice de 1815, les
intérêts nouveaux, les aspirations nouvelles et les
transformations ébauchées. Personne ne savait mieux
que Circourt la tradition diplomatique de son pays à
l'égard des petits États et de leur rôle vis-à-vis des
grands, dans l'intérêt français. Sa mémoire conservait
les textes et l'esprit des traités européens depuis Rys-
wick, mais il avait les yeux ouverts sur leurs consé-

quences au point de vue où l'on était alors arrivé. Il savait ce que valent les traités, les promesses d'alliances perpétuelles; il connaissait la hauteur des digues qui néanmoins étaient submergées; il n'avait guère confiance dans un équilibre plus qu'aux trois quarts détruit. Depuis 1814, un ennemi nouveau, l'esprit révolutionnaire, en jetant ses brandons sur l'édifice restauré, neutralisait les meilleures intentions pour ramener indéfiniment à l'ornière des trêves agitées, suivies des inévitables revanches, flux et reflux des marées sanglantes. On oublie trop aujourd'hui, malgré les terribles événements qui n'ont rien modifié depuis 1856, que le congrès de Paris semblait ouvrir une ère nouvelle. Le droit international devait à Bentham, l'ami de Sismondi, le nom que la jurisprudence, la politique et la philanthropie ont accepté, plus ou moins depuis, dans les deux mondes. Les principes de la neutralité maritime, posés en 1856, étaient un pas, même prématuré, comme on l'a bien vu plus tard. Les vœux de Circourt pour l'avenir de l'arbitrage et pour la codification du droit international n'étaient pas douteux; mais il avait trop le sentiment de la réalité pour se livrer à l'utopie. Rangeait-il dans ce nombre le droit des nations à l'unité matérielle du territoire, celui de l'Italien d'avoir une Italie, comme l'Anglais une Angleterre et le Français une France? Prévoyait-il que la question italienne deviendrait pour ses amis français exclusivement religieuse? Gardait-il de son culte pour le Dante des tendances gibelines? Pour un érudit politique, le pro-

gramme des autonomies se complique aujourd'hui
d'intérêts sans antécédents, d'urgences défensives
nouvelles, de places au soleil, réclamées par des questions et des forces qui entrent en scène. A la paix de
Westphalie, on ne tint pas plus compte de l'Angleterre
et de la Russie qu'on ne songeait à s'occuper de la
question d'Orient au congrès de Vienne de 1815.

Les habitudes du salon de Mme de Circourt ne furent point troublées par un accident qui parut d'abord
sans gravité, mais qui provoqua plus tard de longues
souffrances courageusement supportées. Dans l'été de
1855, un bougeoir qu'elle tenait à la main mit le feu
aux dentelles de sa coiffure. La flammèche, tombée
sur l'épaule gauche, y fit une brûlure dont la plaie,
lente à se cicatriser, n'arrêta ni les réceptions du soir
ni celles de quatre à six heures. Quand l'envahis-
sement du mal ne permit plus d'autres sorties que
celles du transport de la ville à la campagne et de la
campagne à la ville, la porte ne fut pas close et la
chaise longue remplaça seulement le fauteuil.

En 1857, la mort de Mme Swetchine fermait un des
derniers, si ce n'est le dernier salon de hautes aspirations politiques et religieuses, surtout religieuses.
M. de Falloux a consacré deux volumes à cette femme
supérieure dont j'ai dit l'influence sur Mme de Circourt
dans une grave circonstance. En rappelant les relations de la princesse de Lieven avec M. Guizot, on voit
la place qu'occupèrent alors trois femmes, nées en

Russie, dans le Paris politique, religieux, savant et mondain, de cette époque.

Le voisinage amena, un peu plus tard, des relations imprévues entre les Bruyères et M. Thiers, qui vint occuper avec sa famille une maison de campagne dans les environs, à la Jonchère. La comtesse fit dans le plus spirituel des causeurs une brillante conquête. L'historien du *Consulat et de l'Empire* posa devant Circourt pour le portrait d'après nature qui se trouve dans les œuvres inédites. Le souvenir de Blaye déjà lointain faisait de la présence de M. Thiers, à la rue des Saussayes une chose moins difficile à risquer que celle de Cavour. Aussi alla-t-elle toute seule. La vive opposition à l'Empire du ministre du roi Louis-Philippe n'y gâta rien; le tact du causeur fit le reste. Comme nous sortions ensemble de sa première assistance aux réceptions de quatre à six heures, je lui demandai ce qu'il pensait du salon des Circourt : « Un salon d'acclimatation, dit-il, qui donne un bon exemple. »

Mes amis avaient un autre voisin de campagne qui professait pour le savant une admiration dont, certes, celui-ci ne se doutait guère. Un soir aux Tuileries, à l'un des petits bals de l'Impératrice, l'Empereur, après m'avoir parlé d'autres choses, me dit : « Vous connaissez le comte de Circourt, qui possède une propriété à la Celle-Saint-Cloud; c'est un homme supérieur, un savant de premier ordre. Il est le voisin d'une partie des bois de la Malmaison, dont l'Impératrice désire faire un parc réservé. Il est question, me dit-on, d'un petit échange de terrain. Nous voudrions être des voisins agréables. » — Le possesseur des Bruyères fut étonné des paroles flatteuses du grand voisin. Nous les attribuâmes aux écrits publiés dans les Revues. Circourt me chargea de remercier l'Empereur quand l'occasion s'en présenterait. Il se pourrait que le jugement sur la portée d'esprit et la science du légitimiste fût basé sur des données plus particulières que des articles dispersés dans des recueils français et étrangers. On savait qu'il entretenait, dans les deux hémisphères, avec les hommes les plus éminents, une vaste correspondance, recherchée autant par la largeur des appréciations et la justesse de ses aperçus politiques, que pour l'abondance de ses renseignements encyclopédiques. Il est permis de supposer, j'oserais presque dire d'affirmer, que la valeur de ces correspondances, révelée par des publications posthumes, comme celles de Tocqueville et du chancelier Pasquier, sans parler d'autres antérieures, poussèrent quelque Argus de la Poste à l'indiscrète fantaisie de regarder par-dessus l'épaule de l'universel et infatigable correspondant. Je suis en mesure de savoir, par ma correspondance avec Circourt, comment la politique impériale était appréciée dans ses lettres. Elle ne l'aurait pas été avec plus de justice, plus de clairvoyance et de patriotisme, si les lettres eussent été destinées au royal héritier des traditions monarchiques de la France; il s'y serait seulement trouvé moins de vivacité. Mais le point de vue toujours élevé où le légitimiste se plaçait, singulièrement instructif, impartial, même dans les plus ardentes boutades, expliquerait la curiosité allant jusqu'à rechercher les échos d'une voix indépendante, que les souverains sont réduits à surprendre s'ils veulent entendre la vérité. — Le portrait réellement vrai de Napoléon III est encore à faire. Circourt en laisse un inédit, vrai, mais sévère. Un ancien habitué, comme moi, du salon de la reine Hortense à Rome, et un hôte d'Arenenberg, y réussirait peut-être mieux. Le doux entêté, comme l'appelait sa mère, ne justifierait-il point, comme son oncle, l'idée de l'exilé de Frohsdorf, qui ne voit dans les grands rôles historiques que des instruments dans la main de la Providence? Les roues des canons de Napoléon Ier ont tracé les voies du rail des chemins de fer de Cadix à Moscou. Napoléon III fut-il suscité de même pour ébranler, à coups de canon, les murailles qui séparent les peuples du vieux monde, au moment où la science ouvre les voies de terre et de mer du globe entier? Waterloo et Sedan furent-ils des expiations ou des calvaires? Dieu seul le sait; l'avenir le dira.

La santé de Mme de Circourt, qui s'altérait de plus en plus, explique chez son mari une période moins laborieuse imposée par l'infirmité de la comtesse, qui ne changeait rien, surtout à Paris, aux habitudes de maison ouverte, de correspondances, et d'activités constantes que l'on connaît. Le compte rendu de l'*Histoire de la Restauration* du comte de Viel-Castel est

cependant de 1860, ainsi que celui de l'*Histoire d'Angleterre* par M. de Bonnechose.

En 1863, l'impotente succombait à l'âge de cin-
quante-trois ans à de longues souffrances. Je n'ajoute,
à ce que l'on sait d'elle, que ces lignes de Sainte-
Beuve insérées dans le *Constitutionnel* de l'époque :

« Il nous arrive tous les jours de revenir en idée
sur les salons de l'ancienne société française et de les
regretter : il n'est que juste de ne pas regretter moins
amèrement ceux que nous possédons et que ferment
tout à coup des morts inattendues. Mme la comtesse de
Circourt vient d'être enlevée à la société parisienne
et à ses amis de tous les pays. Tous ceux qui l'ont
connue et qui ont été admis à participer aux trésors
de son cœur et de son intelligence apprécieront
l'étendue de cette perte et le vide qu'elle va laisser.
Mme de Circourt était Russe de naissance : Mlle de Klustine, voyageant avec sa mère en Suisse et en Italie,
y rencontra vers 1831 l'homme distingué et savant qui
la fit Française et qui fut uni avec elle pendant plus de
trente ans, par tous les liens qui peuvent associer
deux esprits et deux âmes également vouées aux
belles études et à tout ce qui est élevé. Le salon de
Mme de Circourt avait cela de particulier que l'intelligence y donnait comme droit de cité. Aucune préven-
tion, aucun préjugé n'arrêtait cette personne si pieuse
d'ailleurs et si ferme dans ses croyances, dès qu'elle
sentait qu'elle avait affaire à un esprit de valeur et à
un homme de talent. De quelque bord politique que
l'on vînt, de quelque dogme philosophique qu'on re-

levât, on se rencontrait avec amitié et sympathie au tour de ce fauteuil où l'enchaînaient depuis des années de cruelles douleurs dissimulées dans une bonne grâce charmante et avec un art de sociabilité inaltérable. Ce n'est pas en peu de mots qu'on peut rendre justice à cette noble et sérieuse personne que tant de cœurs regrettent en ce moment, mais nous n'avons pas voulu laisser passer les premiers instants de sa perte sans exprimer un sentiment de douleur que nous savons si partagé.

« SAINTE-BEUVE. »

L'éminent biographe ignorait, comme la plupart des amis et des relations de la comtesse, ses titres littéraires, qu'elle-même paraissait avoir oubliés, tellement le bas d'azur reparut peu sous la robe de la femme du monde. Après l'article sur *La littérature russe de 1829,* elle avait encore donné, sans nom d'auteur, à la même *Bibliothèque universelle, Georges Miloslawsky, ou les Russes en 1812,* par Zagoskine, la relation d'une course à Bénévent et Amalfi en 1831 et celle de quelques excursions dans le royaume de Naples.

Parmi les nombreuses correspondances de Mme de Circourt, celle qu'elle entretint avec Cavour ne s'est pas retrouvée. Le ministre était mort le 6 juin 1861 après avoir vu proclamer Victor-Emmanuel roi d'Italie le 26 mars. La comtesse rendit les lettres à la famille ou les a détruites.

Après la mort de sa femme, Circourt, dans le fait,

se retira du monde. Sans domicile à Paris, sa vie
se partageait entre les Bruyères et des voyages dans
les pays où il poursuivait des recherches et comptait
le plus de relations savantes et d'amis. Après son
deuil il eût été de plus en plus comme isolé dans le
monde parisien par la mort ou la dispersion de ses
plus grandes intimités. Il ne vit plus dans la capitale
que sa famille et quelques personnes qui lui restèrent
très attachées. Plusieurs de ses anciens salons lut-
taient cependant encore contre la transformation
générale, avec les derniers causeurs et les dernières
causeries de quatre à six heures qui passaient de mode.
On recrutait de plus en plus difficilement des fidèles.
Chez ceux-ci, l'esprit des quatre à six heures mon-
tait à cheval au bois de Boulogne et commençait à se
débotter ailleurs.

Les révolutions et les plus grands désastres ayant le
privilège de rendre la France de plus en plus riche et
Paris de plus en plus brillant, la République de 1871
rentrait à peine dans l'ordre matériel avec des sécu-
rités acceptables, que les salons s'y sont rouverts, mais
cette fois dans des conditions toutes particulières. Le
club et les journaux les ont irrévocablement trans-
formés. Toutefois, au point de vue du luxe français
et cosmopolite, ils gardent les privilèges d'une élégance sans rivale. L'esprit est loin d'y faire défaut ;
mais sa verve est aujourd'hui monnaie courante : les
grandes eaux des parcs réservés jouent maintenant
tous les jours et pour tout le monde. La transformation

est là comme partout : le théâtre ne laisse rien à inventer, le livre à cacher, le journal à dire. Et cependant, il est dans Paris, à qui sait y conserver d'anciennes relations, plus d'une survivance aux réveils des plus difficiles souvenirs. Ce qui reste de la vieille société française, de plus digne et de meilleur, dans la jeune génération, est aussi peu connu dans le pays même qu'au dehors. Des plumes charmantes se révèlent, chaque jour, sous des voiles plus ou moins transparents et même à visages découverts, qui témoignent d'impérissables traditions fidèlement conservées. Et parmi celles-ci, la Charité, sous toutes les formes, y garde les mêmes titres au respect que le chevaleresque du champ de bataille.

VII

On ne s'étonnera pas de voir d'éminents admirateurs du savant écrivain n'attendre que son concours
pour faire valoir ses titres aux distinctions publiques
auxquelles il avait droit. De ce nombre, M. Mignet
de l'Académie française, M. Charles Giraud, de l'Institut et d'autres notabilités des lettres et de la science
auxquelles il adressait des articles de Revues, souvent
sur leurs propres œuvres, n'attendaient qu'un ouvrage
complet, un livre enfin, qui leur permît de plaider une
cause gagnée d'avance. Cet espoir ne se réalisa pas.
Les livres réclamés restèrent inédits. Les trois volumes qui furent livrés au public seulement en 1876
n'étaient encore que l'hommage rendu au travail
d'un autre : la simple traduction de l'anglais d'une
*Histoire de l'action commune de la France et de l'Amé-
rique pour l'indépendance des États-Unis,* par George
Bancroft. Il est vrai que les conclusions historiques du
traducteur sont assez étendues pour être, à elles
seules, par les conséquences de la guerre de l'indé-

pendance sur la Révolution française, un travail original de premier ordre. M. Mignet me le dit un des
premiers dans le salon de M. Thiers.

L'appendice me dispense de revenir sur les travaux qui devancèrent, depuis 1863, la traduction dont
je viens de parler. Le travail aux Bruyères ne fut que
l'étape du repos après l'activité du travail des voyages. On voit dans son journal comment il mettait à
profit toutes les occasions de rafraîchir ses connaissances acquises, avant d'en acquérir de nouvelles.
L'état ancien et les grands traits de l'état présent du
pays qu'il allait parcourir étaient d'abord tracés dans
son journal comme sur une carte, et pour chaque
journée; venait ensuite la description des lieux avec les
souvenirs qui s'y rattachaient. Il a repassé plusieurs
fois dans sa vie, la plume à la main, l'histoire et la
géographie de l'Europe, apprise dans sa jeunesse,
avec des ressources et des loisirs qu'on ne peut imaginer. Ses facultés extraordinaires n'ont été phénoménales que par le travail, vraiment phénoménal,
incessant, qui rentrait dans les conditions naturelles
de son existence, multipliant la puissance de sa mémoire par l'esprit d'ordre, et la classification surtout,
qui le rendait maître à chaque instant des notions amassées dans sa tête. Il se servait de ces acquisitions en
les combinant diversement, suivant ses besoins, pour
lui ou les autres, et cette variété de combinaisons
dans sa pensée, toujours active, faisait qu'il finissait
par saisir tous les rapports des choses; d'où la portée
et la solidité d'un jugement supérieur encore à sa mé-

moire. L'organisation et les procédés de l'abbé Mezzo-
fanti pour la possession des langues furent les mêmes.
Chez l'un et l'autre, qu'on se figure des cases où les
similaires sont attirés comme par un aimant. L'ordre
chez Circourt régnait dans tout et partout ; dans ses
livres, ses notes, ses travaux, ses affaires d'argent, ses
devoirs sérieux et mondains, comme sur sa personne.
Il tenait, de la jeunesse difficile que l'on connaît, son
peu de goût pour le désordre sous toutes les formes.
Il était clairvoyant, simple et vrai, naturellement, en
toutes choses; personne ne montra plus de désinté-
ressement dans le maniement de sa modeste fortune ;
personne ne s'oubliait plus complètement pour les
autres. Il ne sollicita, ne reçut et ne porta aucune
décoration. Comme il se trouvait un soir à la grande
réception d'une cour allemande, l'aimable souveraine,
qui le tenait en grande estime, ne le voyant pas dans
la foule, chargeait un chambellan de l'y chercher et
de l'amener auprès d'elle. « N'ayant pas l'honneur de
connaître M. le comte de Circourt, dit celui-ci, je ne
saurais le reconnaître. — Cherchez, reprit la princesse,
la seule personne que vous verrez sans décoration;
vous serez sûr de ne pas vous tromper. »

L'indifférence de Circourt pour de pareilles distinctions n'ôtait rien à ce qu'il éprouvait en les
voyant accordées à ses amis. Lorsque j'obtins la croix
de la Légion d'honneur, à la suite d'une campagne
d'Afrique, il fut aussi heureux que moi de ce premier
ruban. Et plus tard, quand je fus proposé pour la
croix de commandeur du même ordre, ayant appris

le premier mouvement qui me fit refuser une distinction qui ne me paraissait pas assez méritée, il insistait
pour me faire revenir sur ma détermination, et mon
acceptation devint sa satisfaction personnelle.

Quand de pareils souvenirs ramènent à ceux qui
ne sont plus, leur savoir, leurs qualités les plus
brillantes ne sont pas ce qui survit de plus vif dans
notre affection. La bonté toute simple y tient la première place ; elle est, dans le regard qui nous suit avec
son expression ineffaçable, dans tout ce qui les déta-
chait d'eux-mêmes pour partager nos joies, nos tris-
tesses, nos succès et nos mécomptes. Voilà ce qui ne
se remplace plus. Avec ces sentiments partagés, j'en
suis certain, par les amis de Circourt qui me lisent, il
m'est permis d'achever le portrait dont je n'ai donné
que l'ébauche.

Le prodigieux savant s'était fait de l'histoire universelle de notre globe comme un domaine à lui,
qu'il arpentait dans tous les sens et dans tous les siècles. Rien n'était plus curieux, plus intéressant et quelquefois plus amusant de que l'y suivre. On pénétrait
avec lui dans les intimités les plus curieuses, chez les
personnages les plus illustres ou les plus inconnus.
Sur ses prédilections il était intarissable. Il savait par
cœur *la Divine Comédie* du Dante du premier vers au
dernier. Un soir, dans un château où nous nous trou-
vions ensemble, il fit une lecture à haute voix du
Hamlet, de Shakespeare. « Je ne savais pas posséder
une aussi parfaite traduction dans ma bibliothèque,

dit la maîtresse de la maison, en prenant le volume des mains du lecteur. » Personne ne s'était douté d'une traduction à livre ouvert d'une perfection pareille.

Vivement sollicité par le général Dufour de rentrer au service fédéral en 1856, je fus appelé par lui à un commandement sur la frontière du Rhin dans le conflit avec la Prusse. En 1859, je commandais, avec le grade de colonel fédéral, une brigade sur les bords du lac Majeur pour le maintien de la neutralité suisse pendant la guerre d'Italie. Circourt ne tarda pas à venir m'y rejoindre. Après l'entrée de l'armée française et de celle de Victor-Emmanuel à Milan, la retraite, du général autrichien Urban, de Varèse, et la levée du siège de la forteresse de Laveno par l'arrière-garde de Garibaldi, la garnison de cette place, n'ayant aucune chance de secours, exécuta l'ordre qui lui avait été laissé de se retirer en Suisse. Embarquée sur les vapeurs de guerre qu'elle avait à sa disposition, la flottille vint, dans la nuit du 8 au 9 juin, réclamer l'internement à la ligne des eaux suisses. Elle fut conduite par un officier de mon état-major devant le port de Mogadino, et je signai le matin à bord du *Radetzki*, au nom de la Confédération, la Convention qui assignait à ces débris de l'armée autrichienne l'asile que les internés du général Clinchant trouvèrent en 1871 à la frontière neuchâteloise. Une ancienne et grande irritation régnait dans le Tessin contre les troupes allemandes de la Lombardie ; des témoignages de ces dispositions étaient à craindre. Je comptai cependant assez sur une popularité de bon aloi et sur la discipline de la troupe sous mes ordres pour faire le meilleur accueil aux internés et inviter les officiers de tous grades et de toutes armes à ma table. Circourt y trouva des officiers du régiment du prince Charles, des marins, des artilleurs, des ingénieurs, appartenant aux diverses provinces et aux diverses races de l'Empire. On peut se figurer l'étonnement de ces messieurs d'entendre un gentilhomme français leur parler, non seulement un excellent allemand, mais leurs dialectes et faire à quelques-uns jusqu'à l'histoire de leurs familles et de leurs ancêtres. Les internés eussent-ils été Russes, Anglais, Italiens, Espagnols, Catalans, Portugais ou Grecs, c'eût été la même chose.

Il avait le tact de tous les mondes supérieurs, et celui surtout du personnel des cours. Après un dîner et une soirée que nous avions eu l'honneur de passer dans l'intimité d'une des plus grandes dames de l'Europe, où sa conversation avait été ce qu'elle savait être partout, nous revînmes tard à l'hôtel dans lequel nous habitions la même chambre. En nous déshabillant, je mis sa mémoire au défi de pouvoir dire immédiatement, sans consulter même Gotha, les doubles généalogies, avec branches collatérales, des souverains que nous venions de quitter. Il accepta l'épreuve, et, les bougies soufflées, il commença par remonter jusqu'au déluge. Au moyen âge j'étais profondément endormi. Le matin, en ouvrant les yeux, je trouvai sur mon lit les généalogies demandées dans le plus bel

ordre. Il les avait écrites avant de sortir au petit jour
pour sa promenade matinale ordinaire.

Il ne négligeait jamais une occasion d'instruction,
ni celle de la chercher chez les plus humbles. Sa
bonté et sa simplicité y venaient en aide là où
d'autres savants eussent perdu leur temps. Un soir que
nous voyagions à pied dans une haute vallée de l'En-
gadine catholique des Grisons, l'orage qui grondait
nous fit presser le pas. Un quart d'heure de marche
nous séparait encore du village où nous devions passer la nuit, lorsqu'au bas d'une forte montée nous
rencontrâmes une famille désolée. Ces pauvres gens
traînaient péniblement un char chargé de la maigre
récolte, d'herbes et de bois mort, ramassée dans la
forêt. Le père, boiteux et maladif, s'était attelé au
brancard. La femme, après avoir déposé le nourrisson
sur la récolte d'herbe fraîche, poussait à la roue. Un
petit garçon et une petite fille imitaient père et mère
dans leurs vains efforts. La route, étroite et pier-
reuse, forçait l'arrêt de la pauvre famille à chaque
pas. De grosses gouttes commençaient à tomber. Circourt couvrit de son caoutchouc le nouveau né, et
nous nous mîmes tous les deux à pousser vigoureuse-
ment des deux côtés à l'échelle.

L'orage éclatait, l'orage inondait, quand nous arri-
vâmes aux premières maisons du village, parmi lesquelles se trouvait fort à propos le misérable gîte. Tout
en poussant le char, le savant avait interrogé le père.
Dans cette haute vallée on parle le romanche, langue
qui n'est ni l'allemand, ni l'italien des vallées voisi-

nes. Les racines latines remontent, disent les érudits, à des migrations étrusques. Nos hôtes d'une heure possédaient un livre de piété dans cette langue. Circourt finit par y trouver ce qu'il ne pouvait chercher dans les archives de l'abbaye de Dissentis brûlées, par les Français ou les Russes, dans la guerre de 1799. Le foyer eut du feu pour nous sécher, la chèvre son herbe, les enfants quelques pièces blanches et le savant ses racines étrusques du *ladin* des paysans dont parle Tite-Live.

Dissentis et ses archives me reportent à un monastère bénédictin où notre intervention ne fut pas sans résultats pour la science quelques années plus tard. Dans un nouveau séjour que je fis à Naples en 1867, Circourt me recommandait d'aller revoir le monastère de la Trinité de la Cava sur la route d'Amalfi. J'y retrouvai les anciens moines, devenus simples conservateurs du monument, par faveur spéciale, depuis la suppression des couvents par le royaume d'Italie. Sans pouvoir l'affirmer, j'ai des raisons fondées de croire que Circourt fut pour quelque chose, dans cette exception scientifique, par diverses influences ; celle, entre autres, d'un aimable et non moins savant diplomate italien, très en faveur à la cour des Tuileries. Le rêve des dignes gardiens de ces précieuses archives était la publication des trésors qu'ils travaillaient à sauver des menaces de la vétusté. Le révérend dom Michele Morcaldi me rédigea des notes, me remit des brochures et bourra mon ignorance de renseignements avec lesquels je mis le feu à Circourt. De sa meilleure plume, il fit un travail, comme il savait les faire, sur des richesses depuis longtemps signalées. Ma bonne volonté fit du tout un exposé complet que je courus porter au congrès historique et archéologique de Bonn en 1868. Paré des savantes plumes de paon des deux érudiations supérieures, je lus un rapport qui fut inséré au protocole avec les honneurs de l'être en français ; répandu dans le monde savant de tous les pays de la manière la plus simple et la plus favorable aux souscriptions, j'eus le bonheur d'obtenir les premières de bienveillances royales; Circourt, véritable promoteur par son travail, trouva des souscripteurs pour les bibliothèques de l'Angleterre et de l'Amérique. Le *Codex Diplomaticus Cavensis* en est à plusieurs volumes et Mgr Morcaldi est aujourd'hui l'abbé-évêque de la Cava dei Tirenni sous le pontificat de sa très sage et très savante sainteté Léon XIII.

Circourt était resté fidèle aux anciennes relations genevoises de sa femme, devenues les siennes et plus ou moins rajeunies, dans une nouvelle génération : les de la Rive, M. Rilliet de Candolle, M. de Candolle fils de l'ancien ami, qui tous continuaient dignement, avec les Pictet, les Naville et les de Saussure, les traditions scientifiques du patriciat genevois. Il aimait particulièrement la Suisse, qui fut toujours, à ses yeux, la vieille médaille d'un métal de force et de poids à subir toutes les transformations. Des intimités plus récentes que celles de Genève, formées à Fribourg, devinrent un des grands intérêts des der-

nières années de sa vie. Il retrouvait là ce qui devait
remplir le vide de son isolement de la façon la plus
heureuse, autant par des affections que par la supériorité qui touche au génie. Fille de la comtesse
d'Affry, la duchesse de Castiglione-Colonna rencontrait en lui, de son côté, ce qu'une grande artiste
comme elle ne cesse de demander pour son art à
l'étude qui la guide, et à l'érudition qui l'éclaire.
Elle suivait l'érudit sans pareil dans les découvertes
que souvent lui seul avait faites. La duchesse, pour
ceux qui l'ont connue, était si merveilleusement
douée que la jeune veuve, n'eût-elle pas rencontré
l'art sur son chemin, aurait trouvé la célébrité sur
une autre voie : les lettres ou la science lui eussent
assuré des succès moins périlleux que ceux du travail
qui lui a coûté la vie.

Circourt passait les hivers la plume à la main
aux Bruyères quand ses amies revenaient dans cette
saison à Paris. Les étés et l'automne, il les suivait
en Suisse et en Italie. Arrêt sédentaire, ou voyages,
rien ne le détournait de ses comptes rendus, de ceux
surtout qui particulièrement intéressaient ses amis ou
son pays. Je dois, à cette époque, un article sur mon
écrit de 1866 : *les Petits États et la Neutralité conti-*
nentale dans la situation actuelle de l'Europe, avec
cartes stratégiques. La guerre du Danemark, le dé-
membrement de ce petit pays, puis Sadowa et les
préludes si visibles de la guerre de 1870, me firent
risquer dans ce travail de sombres prévisions, et jusqu'à *l'utopie* de la neutralisation des provinces rhé-

nanes, dans un moment où rien ne pouvait déjà plus
conjurer la lutte dont les frontières du Rhin devaient
être l'inévitable prix. Circourt trouva mon idée de
neutralisation aussi *niaise* que moi-même. Ce qui concernait les rôles stratégiques de la Suisse et de la
Belgique dans leurs neutralités permanentes était
plus sérieux : Circourt traita ce côté de la question
d'une manière qui frappa les généraux Dufour et
Jomini. Il avait la faculté de s'assimiler tous les sujets
et de creuser tous les sols jusqu'au tuf.

Après 1870, ses séjours en Suisse et en Italie se
prolongèrent de plus en plus. Depuis la guerre, la
duchesse habitait moins Paris ; il l'accompagnait dans
les voyages d'études artistiques, où il redevenait
l'auteur de cinq articles donnés à la *Revue Britannique* sur l'Histoire de la peinture en Italie, par
Rosini ; d'un article dans la même *Revue* sur la sculpture à Venise, par l'abbé Moschini ; d'une étude sur
les beaux-arts, de Mersey, et d'un grand travail sur
Michel-Ange, qui fut, avec le Dante et Camoëns, un
de ses grands sujets d'études. Sa fidèle amitié con-
duisit ainsi la duchesse, de plus en plus gravement
atteinte, jusqu'à Castellamare où le fatal événement,
trop prévu, devait bientôt tromper des espérances
fondées sur l'entière possession d'elle-même que la
mourante conserva jusqu'à sa dernière heure. Elle
rendit le dernier soupir sous ce beau ciel avec la rési-
gnation d'une chrétienne et toute la fermeté qui se
puise à cette source. C'est ainsi que dans la sérénité d'un pareil accomplissement de ses devoirs reli-

gieux elle trouva la force de dicter la dernière page
de ses Souvenirs. Et comme on ouvrait les portes
du balcon sur le golfe, les îles et la rade qu'illumi-
naient les premiers rayons du soleil, elle y jeta son
dernier regard. Dernier adieu à l'œuvre merveilleuse
du Créateur, en s'endormant dans les bras maternels.

Circourt ramena la malheureuse mère en Suisse,
où je le retrouvai atteint dans ses forces, dans son
activité, mais nullement dans ses facultés merveilleu-
ses. Longtemps avant la belle mort à laquelle il venait
d'assister, je l'avais laissé déjà particulièrement occupé d'idées religieuses. Depuis deux années surtout,
l'incessant travail de sa pensée se portait de ce côté-
là. Sa correspondance avec son ami le cardinal de
Bonnechose n'avait jamais été interrompue. Il en entretenait une beaucoup plus récente avec le savant
doyen de Westminster, M. Stanley. Quelle fut la part
de chacune de ces grandes lumières dans la belle et
simple prière que j'ai sous les yeux, écrite de sa main?
Le même écho n'eût-il pas répété, ce témoignage
d'une profonde humilité de la suprême science devant
Dieu, sous les voûtes des deux vieilles cathédrales de
Rouen et de Londres? En s'appliquant le vers de
son poète favori : *Io che d'altro che d'imparar non
ho voglia*, l'érudit savait n'épeler de la science que le
premier mot d'ici-bas.

Trois mois après son retour d'Italie et de Suisse,
je le revis aux Bruyères. Il avait repris des forces, son
activité et sa plume. La veille du jour où il fut mor-

tellement frappé, j'avais passé la journée chez lui. Sa mémoire était aussi sûre, sa conversation plus brillante que jamais. Le lendemain, il fit à pied une visite dans le voisinage, en reconduisant un visiteur, M. Victor Cherbuliez, sur la route de Rueil. Il s'arrêta à la Jonchère, chez le comte de Viel-Castel, attaché à l'ambassade de Saint-Pétersbourg, où il se montra le causeur que l'on sait. Au retour, seul sur la route, après quelques pas, il s'affaissa foudroyé par une congestion cérébrale. Rapporté chez lui, dans la voiture de la maison qu'il venait de quitter, il ne reprit pas connaissance. La main de la comtesse d'Affry, qu'une vague inquiétude avait amenée depuis quelques jours aux Bruyères, lui ferma les yeux. Ses frères, prévenus par des télégrammes, accoururent de Paris et de Fontainebleau, pour recueillir, le dernier soupir de celui qui ne cessa jamais d'être pour eux l'aîné de Bouxières et de Besançon. Retenu par des devoirs impérieux à Rouen, Son Éminence le cardinal archevêque, prévenu par un télégramme, eut le regret de ne pouvoir accourir auprès de son ami. Le jeune curé du village, auquel des relations suivies avec son paroissien assidu avaient inspiré autant d'estime que de respect, entoura le lit de mort des prières que l'Église catholique accorde et promet aux siens à leur dernière heure.

Le 18 novembre, la famille, une nièce russe de Mme de Circourt, quelques amis, et de nombreux voisins, suivaient le char qui descendait le chemin qui conduit à l'église et au cimetière de la paroisse.

Une neige prématurée était tombée la veille. La fosse, creusée à côté de celle où la comtesse reposait depuis 1863, allait être voisine du troisième tombeau qui recevait quelques jours plus tard Mme de Klustine, dont on ménagea le grand âge en lui laissant ignorer la mort d'un gendre qui fut toujours un fils pour elle.

Après les dernières prières aucune voix ne se fit entendre autour de la tombe du comte de Circourt. Le grincement de la pelle de fer du fossoyeur et l'écroulement de la terre sur le cercueil furent le seul bruit qui répondait comme à la dernière recommandation d'une vie qui fut volontairement si peu bruyante.

Le diplomate et l'érudit n'avaient appartenu en France à aucun des grands corps qui partagent avec un illustre défunt les éloges prodigués autour d'un tombeau. La distance de l'Académie des sciences et belles-lettres de Besançon, dont Circourt était membre, ne permit que plus tard un éloge public par l'organe de son président, le marquis de Terrier-Loray. A l'étranger, la Société historique du Massachusetts entendit son président, M. Winthrop, rendre un touchant hommage au membre honoraire de cette grande compagnie par une esquisse biographique et une appréciation très étudiée de son caractère et de ses travaux [1].

A l'exception d'un article du *Temps*, sorti de la

---

1. Il était membre étranger honoraire de l'Archœological institute of great Britain and Ireland; membre de la Société d'agriculture, sciences et arts de Poligny, et membre de la Société de l'Histoire de France.

plume d'un voisin de Versailles , M. Scherer, la
presse parisienne fut muette. Sur cet article bienveillant, une rectification importante est cependant
très nécessaire. « M. de Circourt, dit l'auteur, n'avait
point de petites passions, je devrais peut-être dire :
point de passions. La politique elle-même n'était pour
lui que de l'histoire, un sujet de curiosité et d'étude.
Aussi y portait-il une absence d'esprit de parti qui
risquait d'être prise pour de l'indifférence. Chose sin-
gulière ! Je n'ai jamais songé à lui demander quelles
étaient ses opinions sur les questions qui nous divisent
tant, je n'ai jamais même supposé qu'il pût en avoir.
Il se mouvait dans des régions trop différentes, et, à
causer avec lui, il fallait commencer par laisser de
côté les préoccupations de nos luttes quotidiennes.
Était-ce là une supériorité de nature ou *une inférió-
rité de patriotisme ?* Je laisse à d'autres le soin de le
décider. » — Le lecteur, mieux informé que M. Scherer par ce qu'il sait du diplomate de Berlin et du visiteur à Frohsdorf, trouve-t-il dans Circourt une infé-
riorité de patriotisme et dans l'affranchissement de
tout esprit de parti hésitera-t-il à reconnaître une
supériorité de nature? Où les partis ont-ils conduit
son pays? Où le conduisent-ils encore ? Le fils de l'é-
migré n'était que simplement fidèle aux instructions
paternelles, *de s'abstenir dans les réactions, de ne se
faire le complice d'aucune violence et surtout de ne jamais
rien sacrifier à des intérêts personnels.* C'est ainsi qu'on
ne le vit, il est vrai, sur aucune des routes qui con-
duisent aux honneurs et à la fortune.

L'homme d'un parti quelconque est-il plus utile à son pays que l'écrivain sans passion qui encourage les travaux méritoires peu connus et loue les plus illustres écrivains sans leur ménager au besoin des critiques courtoises et même sévères? Dans une polémique épistolaire très vive et très belle avec Macaulay, celui-ci, qui d'ailleurs ne défend que la moralité de l'histoire d'Angleterre, accorde à Circourt une part de ses jugements, et montre l'importance qu'il attache à la valeur d'une telle plume par la chaleur qu'il met à la combattre. Prescott et Ticknor remercient des critiques qui les ont éclairés. M. Thiers et M. Guizot, après avoir remercié quelque peu du bout des lèvres, discutent et finissent toutefois par reconnaître leurs erreurs.

La simple vulgarisation du bon, du juste et du beau est-elle une œuvre indifférente dans l'inondation littéraire actuelle comparable aux inondations du Nil, dont tous les limons du moins fécondent? Si, dans ses grands travaux inédits, il s'en trouve qui soulèvent des questions que le penseur lui-même trouve prématurées, ou qui risquaient d'être mal comprises, l'abstention ressemble peu, dans tous les cas, aux publications, les mieux intentionnées, d'écrits qui souvent se traduisent en sang et en larmes. Circourt avait naturellement la violence des grands convaincus, mais il y joignait la sagesse après réflexion qu'ils n'ont pas tous. Ce qu'il livrait à la publicité se faisait remarquer par la mesure. Seul avec lui-même, il laissait courir sa plume, comme souvent sa parole. « Je ne

reconnaîtrai jamais un écrit, disait-il, dont je n'aurai
pas corrigé les épreuves. » Voilà comment quinze
volumes composés pour coordonner ses études, ache-
vés cependant, n'ont pas vu et ne verront pas le jour.

C'est dans le nouveau monde que l'honorable
Robert Winthrop a publié ce qui s'est produit de
plus étendu, comme biographie et appréciations sur
le savant et l'écrivain. « Circourt mettait son plaisir, dit-il, à gratifier ses amis d'Europe et d'Amérique
et aussi à unir son nom aux leurs en faisant connaître
leurs ouvrages dans les Revues. Toutefois, il ne laissa
jamais l'amitié, ni la partialité influencer son jugement, le pervertir, ou arrêter l'expression franche,
indépendante, de ses propres opinions. C'était un
homme d'une sincérité transparente, fidèle toujours
à ses convictions, aussi juste qu'aimable et courtois.
Prescott lui écrivait en 1856, à propos de ses remarques sur l'*Histoire de Philippe II:* « Ce qui m'a été aussi
agréable que votre approbation, en général, c'est la
liste des *errata* que vous y avez jointe, non que j'aie
été satisfait de voir que j'ai commis tant d'erreurs,
mais bien de reconnaître que je possède un ami assez
judicieux pour les découvrir et assez franc pour me
les signaler..... Ce sujet s'est présenté à vous comme
par hasard, et il me semble vous être aussi familier
que si vous en aviez fait votre spécialité. » M. Winthrop, avec lequel Circourt entretenait depuis longtemps une correspondance intime, ne connut, pas
plus que ses amis, l'existence de grands ouvrages sur
des sujets si divers. Il penche à croire que, ne possé-

dant pas la faculté de se concentrer, ces grands travaux n'étaient pas dans ses aptitudes. On voit qu'il se trompait, comme M. Scherer et bien d'autres.

La *Revue suisse* de Lausanne, ancienne *Bibliothèque universelle de Genève*, a dignement rempli le devoir qu'imposaient à ses éminents rédacteurs de si anciennes et nombreuses communications. L'Allemagne et l'Italie n'ont oublié ni le voyageur, ni l'étranger qui parlait de leurs pays avec une si parfaite connaissance de cause. Je passe sous silence une publication étrangère qui, sans méchante intention, a reproduit, après la mort du causeur, des conversations contre l'exactitude desquelles Circourt s'était déjà élevé en semblables occasions de son vivant. Une biographie italienne, pleine des meilleurs sentiments, le confond avec son frère le comte Albert, auteur de l'*Histoire des Morisques*, méprise excusable par la distinction scientifique qui pouvait s'étendre jusqu'au comte Arthur.

L'étendue d'une biographie telle que celle-ci, tout incomplète qu'elle est encore, exige de rigoureuses conclusions. L'incontestable supériorité de l'homme donne un intérêt particulier à pareille étude. Sur un sujet quelconque, Circourt ayant tout lu, tout retenu aucun travail préparatoire ne lui était nécessaire; il ne lui restait qu'à creuser la matière. Mais, à côté des facultés extraordinaires de réceptivité, comme disaient les Allemands, il avait à vaincre des disposi·

tions d'esprit défavorables pour la composition. Il le
savait et ne prisait pas assez la valeur de son jugement pour s'astreindre à les combattre ; s'intéressant
à tout, il s'arrêtait à tout, et ne sacrifiait aucune partie pour mettre l'autre en évidence. Ne cherchant
pas le succès, il en négligeait les moyens. Habitué à
écrire pour lui, il ne pensait pas volontiers au public,
et, comme le temps qui n'épargne pas ce qui s'est
fait sans lui, le public ne pardonne pas ce qui n'a
pas été fait pour lui. Les qualités et les défauts du
savant dans ses écrits étaient les mêmes que dans
sa conversation. Recherché avec avidité par les personnes sérieuses qui désiraient apprendre, il lui arrivait de fatiguer les autres par l'abondance même des
renseignements et des idées qu'il faisait couler de
source. A la première réquisition du curieux, il clas-
sait les faits, avec leurs antécédents et leurs conséquences : d'une page, il faisait un livre. De là la qua-
lification de dictionnaire qui lui fut donnée. Dans l'intimité, il savait cependant charmer autant qu'éblouir.

Après ce qui précède, Circourt pris de loin dans
son enfance, sa jeunesse, sa démission de 1830 et
tout ce qu'on a vu depuis à Berlin et à Frohsdorf ;
après ce passé où s'entrevoit le tempérament fiévreux,
qui cherche dans un travail incessant comme une diversion rattachée à une pensée fixe, permanente, il
est difficile de ne pas reconnaître une vocation con-
trariée et de ne pas y trouver l'homme tout entier.
Cette passion, cette vocation, peu dissimulée aux yeux

de ceux qui ne l'ont pas perdu de vue depuis 1830, *c'était la politique;* mais, il est vrai, celle d'une envergure qui, faute d'application comme à Berlin, pouvait être, par ses voyages, ses relations et même ses discours, mal interprétée. Le sentiment de la justice était porté chez lui au plus haut point, et de même qu'il en faisait la base de ses jugements historiques il ne pensait pas qu'il pût être jamais impunément séparé de la politique. Il portait un vif intérêt à la destinée de tous les peuples, dans la mesure où chacun d'eux servait, selon ses conditions, les progrès de la civilisation. Ce cosmopolitisme était loin d'être à ses yeux incompatible avec le patriotisme; au contraire. De même, faisait-il la distinction entre les griefs et les torts, épousant vivement les griefs de son pays, mais se refusant à épouser ses prétentions blâmables. On retrouvait là quelque chose de la doctrine d'Aristide qui n'eut pas de succès à Athènes et qui, plus suivie, eût sauvé peut-être cette république. Les lois de l'histoire furent-elles si mal interprétées par lui sur un point capital pour la politique française? Convaincu qu'une impulsion historique irrésistible poussait les peuples à s'unir dans les autonomies que nous avons vues s'opérer, il pensait que la France commettrait une grande faute en contrariant ce mouvement, au lieu de le diriger. Sur ce point, je l'ai déjà dit, il n'était pas de l'école française du xviie siècle; sur d'autres, c'est à ce siècle que se rattachaient ses opinions. On ne saurait exiger de l'homme, dont la science universelle a tout exploré, qu'il confonde, dans les nouveaux rapports des peuples, la main de Dieu qui les rapproche avec les traditions qui les séparent. Il suffit que sa raison et son patriotisme l'arrêtent à la frontière du possible. Le diplomate français le plus correct n'eût pas fait mieux que Circourt à Berlin. Qu'exiger de plus? En face du trouble général de l'Europe est-il bien étonnant de le voir persuadé que l'accord des forces défensives était plus sage que leurs divisions, et qu'une puissante initiative des saines internationalités d'en haut pouvait seule prévenir et combattre les menaces d'en bas. La mesure parfaite de ces idées, aussi sagement politiques que généreuses, se retrouve dans les écrits de Circourt, sous diverses formes, comme dans ses relations extérieures. On remarquera dans l'appendice l'importance qu'il attachait à la géographie et aux questions qui s'y rattachent. Il n'était pas le seul à prévoir l'influence prochaine, sur la vieille Europe, des gigantesques rapprochements, soulevant des questions dont celles d'Orient et de l'Inde ne sont que les préludes. Il reconnaissait la main de Dieu dans le percement des Alpes et des isthmes, ouvrant la terre et les mers aux rapprochements des peuples.

Personne ne comprit mieux que Circourt la part à faire, dans le programme de 1789, à ce qui pouvait affermir le trône de France sur les plus larges bases. Il crut les retrouver, en voyant les révolutions et les guerres ramener les Bourbons, dans toute la légitimité de leurs droits, assis sur ce qu'on pouvait espérer des institutions anglaises, adaptées aux transformations de

la France. Il avait retrouvé M. le comte de Chambord
aussi ferme dans la conviction de son droit que prêt
à tout ce que le libéralisme renfermait à la fois de
plus large, de plus sage et de plus éclairé. Mais l'inaction, les illusions, les fautes du parti, la marche des
événements, l'impossible au travers des espérances,
le chevaleresque aux prises avec le mercantilisme et
le luxe énervant, le suffrage universel devenu classe
dirigeante, l'alternative européenne de l'armement à
perpétuité ou de la banqueroute, les questions religieuses incandescentes, tout avait concouru à jeter
dans sa clairvoyance une irritation incomprise et facilement mal interprétée. La diversion qu'il avait cherchée, dans ses travaux connus et inconnus, les voyages
et des affections sympathiques, ne fut que momenta-
née. Il rongeait un frein d'inaction et de désespérances
royalistes. Sur les affaires du dedans et du dehors ses
paroles débordaient souvent sa pensée. Sa laborieuse
vie n'avait pas tout dompté dans cette organisation
si puissante. Devant la froideur et l'impassibilité, sa
voix poussait malgré lui le cri du fer rouge plongé
dans l'eau glacée.

On le trouve plus calme dans ses correspondances
connues avec M. de Tocqueville et le chancelier Pasquier. Ce dernier, vers la fin de sa vie, ne perdait pas
de vue Circourt, qui le tenait au courant, dit son
biographe, M. Louis Favre, de tout ce qui s'écrivait
dans les journaux de tous les pays et dans toutes les
langues. Le vieil homme d'État avait vu depuis 1815
le parlementarisme successivement faussé par trois

partis coalisés pour s'en faire une arme contre le gouvernement. Il approuvait Circourt de s'être refusé aux manœuvres de la catapulte. Il lui confia plusieurs fois ses mémoires pour qu'il y fît des remarques, et lui communiqua tout particulièrement un travail envoyé, en son temps, aux princes d'Orléans pour les exciter au grand acte sur lequel légitimistes et orléanistes fondaient des espérances jusqu'à présent non réalisées. Au point de vue des pays étrangers, le duc Pasquier regrettait tardivement les études trop superficielles de son passé politique. Ces larges vues des dernières heures donnent un à propos curieux à la spirituelle saillie d'une lettre de Doudan.

« M. Pasquier, dit-il, me confirme tout à fait dans mon idée que les facultés ne se développent réellement qu'autour de quatre-vingts ans. Ce n'est qu'au haut de la montée qu'on voit à ses pieds la vallée de Cachemir. On a beau avoir bon pied, bon œil, quand on n'est qu'à mi-route de la montagne de Bender au royaume brûlant de Lahore, on n'a pas vu grand'chose et on n'a pas beaucoup à peindre. » Il est assez curieux de voir le chancelier et Circourt arriver par deux versants opposés au même sommet du Bender politique où Sismondi les attendait.

Je n'ai vu personne plus profondément navré, découragé, que ne le fut Circourt par les événements de 1870 et 1871. Répondant à une lettre que je lui avais adressée de Sedan le lendemain de la bataille : « Vous êtes dans le vrai, disait-il, en ne vous occupant depuis plusieurs années que de la convention de Genève. Le secours aux blessés est l'œuvre la plus opportune, la plus sage, la plus vraie, la plus sainte, de notre temps. Elle est le devoir impérieux à remplir envers les victimes de toutes les ambitions, de toutes les fautes, de toutes les folies, et de tous les crimes de la plume et de la parole. »

Il reprit peu de confiance dans un avenir pacifique et prochain de la France et de l'Europe. Les Revues n'ont reçu de lui que de rares communications depuis 1870. Mais la traduction de Bancroft est de 1876 et quelques-uns des travaux inédits paraissent dater de ces dernières années. Lorsqu'il s'animait, en parlant de l'avenir de son parti, il ne lui voyait reprendre une place de classe dirigeante que par des transformations difficiles, la sainte loi du travail et la dignité de la vie privée. Il rappelait sans cesse le *Laboremus* de Septime Sévère, lequel avec *justitia et veritas* sont les trois mots à graver sur sa tombe.

On a dit du comte Adolphe de Circourt qu'il savait tout; il savait trop peut-être.

APPENDICE

ÉCRITS LAISSÉS PAR LE COMTE ADOLPHE DE CIRCOURT

MANUSCRITS.

Charlemagne.

Les Églises d'Orient.

Les Nations slaves.

Dante et son temps.

Guicciardini et son temps.

L'Église gallicane.

Le Pouvoir temporel des papes, dans ses rapports avec la monarchie française.

La Politique de l'Angleterre, au point de vue de ses alliances.

L'Angleterre. — La Prusse.

Genève, de 1815 à 1840.

Souvenir d'une mission à Berlin.

Relation des fêtes de Cologne, en août 1848, pour le centenaire de la fondation du dôme.

La Chute du second Empire.

Lamartine — Montalembert — Guizot — Napoléon III — Thiers.

Mémoire sur les régences.

Mémoire sur la propriété littéraire.

Mémoire sur la traite des noirs.

Camoëns.

Éloge de Dante.

La Poésie primitive de l'Italie.

La Poésie écossaise. — Robert Burns.

Notice sur les œuvres de Pouschkine.

Notes sur le paysage historique de la Celle-Saint-Cloud.

Moustier sera maugré le Sarrasin, légende des Sarrasins en Bourgogne.

Conrad de Hochstetten, légende de la vallée de l'Ahr.

Marcelle, légende castillane.

IMPRIMÉS.

Essai sur l'histoire de l'ancienne Égypte. 1 vol. Paris, 1854. (Tiré à 15 exemplaires.)

Histoire de l'action commune de la France et de l'Amérique pour l'indépendance des États-Unis, traduite de l'anglais de G. Bancroft. 3 vol. Paris, 1876. (Le troisième volume contient les *Conclusions historiques* du traducteur, qui ont été traduites en anglais et publiées par la *Société historique du Massachusetts*, sous le titre : *France and United States-Historical review*. Boston, 1877.

MORCEAUX DISPERSÉS.

(*Fragments de voyage.*)

Quelques pas en Italie. — Gênes. — Bibliothèque universelle, 1832.

Volterra. — Bibliothèque universelle, 1832.

Fiesole. — Bibliothèque universelle, 1834.

Orvieto. — Bibliothèque universelle, 1835.

San-Gimignano. — Bibliothèque universelle.

Arioste, gouverneur de la Garfagnana. — Bibliothèque universelle, 1840.

Certaldo. — Bibliothèque universelle.

Arquà. — Bibliothèque universelle.

Ravenne. — Bibliothèque universelle, 1835.

Murano. Torcello, les lagunes de Venise.—Bibliothèque universelle, 1844.

Saint-Lazare. — Bibliothèque universelle, 1835.

Ostie. — Revue des deux Bourgognes, 1838.

Monte Cassino. — Revue des deux Bourgognes, 1839.

Le Canal de l'Anio à Tivoli. — Bibliothèque universelle, 1837.

L'Éruption du Vésuve en 1832. — Bibliothèque universelle, 1833.

Bénévent. — Revue des deux Bourgognes, 1838.

Vénasque. — Bibliothèque universelle, 1841.

Le Tyrol. Innsbruck. — Bibliothèque universelle.

Potsdam. —Bibliothèque universelle, 1837.

Dresde. — Bibliothèque universelle, 1843.

Marienbourg. — Bibliothèque universelle, 1838

Novogorod Veliki. — Bibliothèque universelle, 1838.

L'Hermitage. — Bibliothèque universelle, 1837.

La Néva. — Bibliothèque universelle, 1845.

Troïtsa. — Revue des deux Bourgognes, 1838.

L'Inauguration de la statue d'Alexandre Iᵉʳ. — Revue des deux Bourgognes, 1838.

La nouvelle Jérusalem. Le patriarche Nikon. Les Staravertsi. — Revue des deux Bourgognes, 1838.

Carisbrooke. — Bibliothèque universelle, 1844.

Exposition des trésors de l'art à Manchester. — Bibliothèque universelle, 1857.

Visite au champ de bataille d'Hastings. — Annales des voyages, 1858.

Voyage en Russie. — L'Opinion publique, de janvier à août 1851.

———

Essai sur Michel-Ange, poète. — Bibliothèque universelle, 1832.

Études sur Michel-Ange. — Revue française et étrangère, 1841.

Louise de Médicis. — Bibliothèque universelle, 1845.

Poésies lyriques de Vittoria Colonna. — Bibliothèque universelle.

Guido Cavalcanti. — Revue contemporaine, 1855.

Cino da Pistoja. — Bibliothèque universelle, 1858.

La Littérature dramatique en Espagne. —Bibliothèque universelle, 1830.

Les Romances espagnoles. — Bibliothèque universelle, 1831-1832.

Les Romances des Maurisques de Grenade. — Bibliothèque universelle, 1832.

Le Musée espagnol. — Revue française et étrangère, 1840.

Catherine d'Atayde. —Bibliothèque universelle, 1853.

———

Le Crucifix de Bade. — Revue des Deux-Bourgognes, 1838.

Le Mystère des Alpes. — Revue des Deux-Bourgognes, 1838.

Gerardmer. — Revue des Deux-Bourgognes, 1838.

Messire Louis Arioste dans son gouvernement. — Revue des Deux-Bourgognes, 1838.

———

Notice sur le chapitre de Remiremont. — Mémorial historique de la noblesse, 1840.

———

Le comte Alexis de Saint-Priest. — Bibliothèque universelle, 1852.

Prescott. — Bibliothèque universelle, 1859.

Prescott. — Revue britannique, 1866.

Manzoni. — Bibliothèque universelle, 1873.

Mérimée. — Bibliothèque universelle, 1874.

Ticknor. — Bibliothèque universelle, 1877.

Lettre sur un voyage en Prusse et en Russie. — Bibliothèque universelle, 1844.

La Monarchie prussienne au moment de la convocation des états généraux. — Bibliothèque universelle, 1847.

Frédéric-Guillaume IV, roi de Prusse. — Bibliothèque universelle, 1861.

La Suisse en 1847. — Revue des Deux Mondes, 1847.

La Première Coalition, ses résultats politiques. — Revue des questions historiques, 1872.

REVUES ANALYTIQUES ET CRITIQUES.

Histoire des Gaulois. — Amédée Thierry. — Bibliothèque universelle, 1845.

Essai sur l'histoire de la formation du tiers état. — Augustin Thierry. — Bibliothèque universelle, 1853.

Histoire des Français. — Sismondi. — Bibliothèque universelle, 1842.

Histoire de France. — Léop. de Ranke. — Bibliothèque universelle, 1853, 1854, 1856.

Mémoires pour l'histoire des royaumes de Provence et de Bourgogne. — Baron de Gingins. — Bibliothèque universelle, 1855.

Épisode des guerres de Bourgogne. — Baron de Gingins. — Bibliothèque universelle, 1857.

Dépêches des ambassadeurs milanais sur les campagnes de Charles le Hardi. — Baron de Gingins. — Revue contemporaine, 1859.

Charles le Hardi. — Foster Kirk. — Revue germanique, 1864.

Charles le Hardi. — Foster Kirk. — Annales franc-comtoises, 1865.

Charles le Hardi. — Foster Kirk. — Revue de Paris, 1869.

Mémoires de Jules Chifflet, abbé de Balerne (réunion de la Franche-Comté à la France). — Ann. franc-comt., 1869.

La Société française au XVIIe siècle. — Victor Cousin. — Bibliothèque universelle, 1869.

Histoire des princes de Condé. — Duc d'Aumale. — Bibliothèque universelle, 1870.

La Guerre de Sept ans. — Arn. Schaeffer. — Revue des questions historiques, 1869.

Marie-Antoinette. — De Chambrier. — Bibliothèque universelle, 1869.

Vie du marquis de Bouillé. — René de Bouillé. — Biblothèque universelle, 1853.

Histoire des Girondins. — Lamartine. — Bibliothèque universelle, 1847.

Histoire de la Restauration. — Lamartine. — Bibliothèque universelle, 1853.

Histoire de la Restauration. — Louis de Viel-Castel. — Bibliothèque universelle, 1860.

L'Établissement du christianisme en Danemark. — L'évêque Munster. — Bibliothèque universelle, 1831.

Croisade des Norvégiens au XIIe siècle. — Chronique de Snorro. — Bibliothèque universelle, 1831.

Les Origines de la Confédération helvétique. — Albert Rilliet. — Correspondant, 1870.

Tableaux de l'histoire de la Suisse au XVIIIe siècle. — Prof., Monnard. — Athenæum, 1856.

Histoire de Gustave Adolphe. — De Parieu. — Bibliothèque universelle, 1875.

Le général Lefort, sa vie, son temps. — Moritz Possett. — Revue de Paris, 1868.

Historica Russiae documenta, recueillis par Alexandre de Tourguéneff. — Le Semeur, 1844. — Alexandre de Tourguéneff. — Le Semeur, 1846.

Vie du feld-maréchal comte York. — Gust. Dreyssen. — Athenæum, 1855.

Les Koenigsmarck. — Henri Blaze de Bury. — Bibliothèque universelle, 1855.

L'Autriche sous Marie-Thérèse. — De Arneth. — Bibliothèque universelle, 1872.

La Bataille de Langen-Salza. — Anonyme. — Revue chrétienne, 1867.

Les Quatre Conquêtes de l'Angleterre. — Em. de Bonnechose. — Bibliothèque universelle, 1852.

Histoire d'Angleterre. — Em. de Bonnechose. — Revue britannique, 1858.

Histoire du règne de Guillaume III. — Macaulay. — Bibliothèque universelle, 1858.

Histoire de la Corse. — Filippini. — Bibliothèque universelle, 1832.

Lois municipales du Piémont. Histoire des communes d'Italie. — Cesare Balbo. — Revue des Deux-Bourgognes, 1838.

Le Codex Cavensis, cartulaire de l'abbaye de la Cava. — Revue des questions historiques, 1873.

Le Compromis de Caspe. — Florencio Janer. — La Chronique du roi don Pedro del Punialet. — Correspondance littéraire, 1857.

Histoire des rois catholiques Ferdinand et Isabelle. — Prescott. — Bibliothèque universelle, 1838, 1839, 1840.

Histoire de la conquête du Mexique. — Prescott. — Bibliothèque universelle, 1844.

Histoire du Portugal. — Luis Rebello da Silva. — Correspondance littéraire, 1862.

Vie du prince Henri de Portugal, le Navigateur. — R. H. Major. — Annales des voyages, 1868.

Fernand Colomb. — Harisee. — Revue des questions historiques, 1872.

Charles-Quint. — Mignet. — Bibliothèque universelle, 1855.

Charles-Quint. — Revue de diverses publications. — Revue contemporaine, 1855.

Retraite et mort de Charles-Quint. — Gachard. — Revue contemporaine, 1855.

Charles-Quint et Philippe II. — Revue de diverses publications. — Correspondance littéraire, 1861.

Le Combat naval de Lépante. — Cayetano Rossell. — Athenæum, 1855.

Histoire d'Élisabeth de Valois, reine d'Espagne. — Marquis du Prat. — Correspondance littéraire, 1861.

Les Persécutions religieuses en Espagne. — De la Rigaudière. — Correspondance littéraire, 1860.

Les Communes françaises en Espagne et en Portugal. — Helferich et de Clermont. — Correspondance littéraire, 1861.

Histoire du Mexique. — D. Alvaro de Tezozomoc, traduc. de H. Ternaux Compans. — Revue contemporaine, 1855.

Histoire des États-Unis. — Bancroft. — Bibliothèque universelle, 1846, 1847, 1860.

Les États-Unis d'Amérique. — Fréd. de Raumer. — Bibliothèque universelle, 1860.

Les Origines de la république des États-Unis. — Winthrop. — Revue britannique, 1866.

Vie de Jefferson. — Randall. — Revue britannique, 1859.

Les Demeures des hommes d'État et des auteurs américains. — Bibliothèque universelle, 1856, 1857.

Les Navigations françaises. — Pierre Margry. — Annales de voyage, 1868.

Les Pionniers anglais et français dans l'Amérique du Nord. — Parkman.
— Annales des voyages, 1869.

Les Jésuites dans l'Amérique du Nord. — Parkman. — Polybiblion,
1869.

L'ancien régime au Canada. — Parkman. — Revue des questions historiques, 1876.

Le Paraguay et les établissements des Jésuites. — Alfr. Dumersay. —
Annales des voyages, 1862.

Charles de Bonstetten. — A. Steinlen. — Correspondance littéraire, 1861.

Charles Bonnet. — Duc de Caraman. — Correspondance littéraire, 1861.

Mme de Swetchine. — Comte de Falloux. — Bibliothèque universelle, 1860.

Le chancelier Pasquier. — Louis Favre. — Bibliothèque universelle, 1870.

Lord Elgin. — Revue chrétienne, 1865.

Le Journal de la reine Victoria. — Bibliothèque universelle, 1868.

Les Annales de Saint-Paul de Londres. — Milman, doyen de Saint-Paul. —
Revue britannique, 1869.

Cantorbéry. Mémoires historiques. — Stanley, doyen de Westminster. —
Athenæum, 1856.

Cantorbéry. Mémoires historiques. — Stanley, doyen de Westminster.
— Revue britannique, 1868.

L'abbaye de Westminster. — Stanley, doyen de Westminster. — Revue
britannique, 1868.

L'Angleterre et l'Irlande. Ch. Greville. — Bibliothèque universelle,
1868.

L'Autriche et la Prusse vis-à-vis de la Révolution française. — Professeur Hüffer. — Polybiblion, 1868.

Politique des puissances allemandes pendant la Révolution. — Professeur
Hüffer. — Revue des questions historiques, 1869.

Politique militaire de la Suisse. — Schulz Bodmer. — Athénæum, 1857.

Les petits États et la neutralité contemporaine. — Colonel Hüber-Saladin, 1866.

Ibn Khaldoun. — Graber de Hemso. — Bibliothèque universelle, 1834.

Chronique de Tabari. Traduction de Louis Dubeux. — Bibliothèque universelle, 1836.

Les Psaumes, traduits de l'hébreu. — F. de la Jugie. — Annales franc-
comtoises, 1864.

Le Nouveau Testament. Traduction d'Albert Rilliet. — Correspondance littéraire, 1861.

Chronique scandinave. — K. Wilhelmi. — Bibliothèque universelle, 1848.

La Saga de Viga Glum. Traduction de sir Edm. Head. — Revue britannique, 1867.

Poèmes populaires des Persans, Tourkmans et Tartares. Traduction de Chodzco. — Bibliothèque universelle, 1844.

Poèmes héroïques des Indiens. — Eichoff. — Correspondance littéraire, 1861.

Chants populaires de la campagne de Rome. — Visconti. — Bibliothèque universelle, 1830.

Poésie populaire de l'Italie. — Revue des Deux-Bourgognes.

Littérature populaire de l'Espagne. — Wolf-Milà-Pifferer. — Correspondance littéraire, 1857. — Revue contemporaine, 1860.

Œuvres du marquis de Santillana. Édit. de Amador de los Rios. — Athenæum, 1853

Le comte Lucanor. Trad. de Ad. de Puybusque. — Bibliothèque universelle, 1854.

Œuvres de Camoëns. — Édit. du vicomte de Juromenha. — Correspondance littéraire, 1864.

Le Brésil littéraire. — Ferd. Wolf. — Revue moderne, 1865.

Chants populaires de la Grèce. Édit. de Passow. — Correspondance littéraire, 1861.

Poèmes d'Aristote Valaorités. — Revue moderne, 1869.

Légendes slaves. Trad. de Chodzko. — Correspondance littéraire, 1861

Tableaux de la littérature russe. — Kœnig. — Revue française et étrangère, 1838

Boris Godounof. — Pouschkine. — Revue française et étrangère, 1838.

Pouschkine. Sa biographie. — Dictionnaire de la Conversation.

Rimes inédites du Tasse. — Prof. Rosini. — Bibliothèque universelle 1832.

Torquato Tasso. Prof. Rosini. — Bibliothèque universelle, 1832.

Luisa Strozzi. Prof. Rosini. — Bibliothèque universelle, 1833, 1834.

Poésies de Feuchtersleben. — Bibliothèque universelle, 1841.

Poésies de Freiligrath. — Bibliothèque universelle, 1842.

Poésies allemaniques de Hebel. — Bibliothèque universelle, 1844.

Poésies lyriques du comte Auguste de Platen. — Bibliothèque universelle, 1845.

Poésies de William Cullen Bryant. — Bibliothèque universelle, 1848

Poèmes de Wordsworth. — Revue française et étrangère.

Athenaïs. — Stigand. — Revue britannique, 1866.

Le Blessé de Novare. — Hüber-Saladin. — Athenæum, 1857.

Devises, emblèmes, cris de guerre. — Mme Bury-Palliser. — Correspondant, 1872.

Histoire de la dentelle. — Mme Bury-Palliser. — Journal des Débats.

La Littérature française à l'étranger pendant le xviiie siècle. — Sayous. — Bibliothèque universelle, 1861.

Histoire de la littérature française sous la Restauration. — Alfred Nettement. — Bibliothèque universelle, 1856.

Histoire de la littérature française sous le gouvernement de Juillet. Alfred Nettement. — Bibliothèque universelle, 1857.

Origine et histoire de la langue anglaise. — G. Marsh. — Revue britannique, 1863.

Giovanni Bellini et les peintres ses contemporains. — Bibliothèque universelle, 1834.

Histoire de la peinture en Italie. — Prof. Rosini. — Bibliothèque universelle, 1839, 1840, 1841, 1842, 1844.

La Sculpture à Venise. — L'abbé Moschini. — Bibliothèque universelle, 1839.

La Toscane et le midi de l'Italie. — De Mersey. — Annales des voyages, 1858.

Études sur les beaux-arts. — de Mersey. — Annales des voyages, 1856, 1858.

Les émaux du Louvre. — Comte de Laborde. — Bibliothèque universelle, 1864.

Phidias. — Louis de Ronchaud. — Annales des voyages, 1861.

Les Étrusques. — Otto Muller. — Revue française et étrangère, 1865.

Études sur le Péloponèse. — Beulé. — Annales des voyages, 1855.

L'acropole d'Athènes. — Beulé. — Annales des voyages, 1856.

Les Monnaies d'Athènes. — Beulé. — Annales des voyages, 1858.

L'Architecture au siècle de Pisistrate. — Beulé. — Annales des voyages, 1860.

Topographie d'Athènes. — Phocion Roque. — Annales des voyages, 1869.

Athènes aux xve, xvie et xviie siècles. — Comte de Laborde. — Annales des voyages, 1855.

Le mont Olympe. L'Acarnanie. — Heuzey. — Annales des voyages, 1860.

Topographie et plan stratégique de l'*Iliade*. — Nicolaïdis. — Annale
des voyages, 1867.

Ithaque. Le Péloponèse. Troie. — Schliemann. — Annales des voyages
1870.

Voyage autour de la mer Morte. — De Saulcy. — Revue contemporaine
1854.

Histoire d'Hérode. — De Saulcy. — Annales des voyages, 1868.

Les Derniers jours de Jérusalem. — De Saulcy. — Annales des voyages
1868.

Étude chronologique des livres d'Esdras et de Néhémie. — De Saulcy. -
Polybiblion, 1868.

Géographie du Talmud. — Ad. Neubauer. — Annales des voyages, 186ç

Plan de la ville et des environs de Jérusalem. — Van de Velde. —
Annales des voyages, 1858.

Sinaï et Palestine. — Stanley. — Annales des voyages, 1857.

Excursion en Palestine. — Dr Titus Tobler. — Annales des voyages, 186o

Monuments de l'Égypte et de la Nubie. — Rosellini. — Bibliothèqu
universelle, 1833, 1837, 1839, 1842.

Lettres écrites d'Égypte et de la presqu'île du Sinaï. — Rich Lepsius. —
Bibliothèque universelle, 1843.

Découvertes dans les ruines de Ninive et de Babylone. — Layard. —
Revue contemporaine, 1854.

Voyage archéologique dans la régence de Tunis. — Victor Guérin. —
Annales des voyages, 1863.

Campagnes de Jules César dans les Gaules et en Bretagne. — De Saulcy.
— Annales des voyages, 1863.

Le Tombeau de Chilpéric Ier. — L'abbé Cochet. — L'Union, 1860.

Seine-Inférieure historique et archéologique. — L'abbé Cochet. —
Annales des voyages, 1865.

Aspects de la nature. — Alex. de Humboldt. — Annales des voyages, 1866

L'Homme et son action sur la nature. — Georges Marsh. — Annales des
voyages, 1865.

Les Races de l'ancien monde. — Ch. Brace. — Annales des voyages, 1864

Les Origines indo-européennes. — Ad. Pictet. — Annales des voyages
1862, 1864.

Les Races humaines. — Ad. Bastian. — Annales des voyages, 1869.

Les Peuples de l'Asie orientale. — Ad. Bastian. — Annales des voyages
1867, 1868.

Coup d'œil général sur les tribus indiennes de l'Amérique. — Albert
Gallatin. — Bibliothèque universelle.

Géographie historique de la Prusse. — Toeppen. — Annales des voyages, 1859.

Mémoires de la Société de géographie de Saint-Pétersbourg. — Annales des voyages, 1865, 1866, 1868.

Mémoires de la Société de géographie de Genève. — Annales des voyages, 1865, 1866, 1867, 1869, 1870.

Mémoires de la Société alpine de l'Autriche. — Annales des voyages, 1869.

Le Système du Nil supérieur. — De Kloden. — Annales des voyages, 1857.

Séjour chez le chérif de la Mecque. 500 lieues sur le Nil. — Charles Didier. — Annales des voyages, 1858.

L'Afrique sauvage. — Winwood Reade. — Annales des voyages, 1864.

Mission auprès du roi de Dahomey. — Burton. — Annales des voyages, 1866.

Mission auprès de Théodore, roi d'Abyssinie. — Rassam. — Annales des voyages, 1869.

L'Asie centrale. — Alex. de Humboldt. — Revue britannique, 1844.

Mémoire sur l'Asie centrale. — De Khanikoff. — Annales des voyages, 1863.

L'Asie Mineure. — Pierre de Tchihatcheff. — Annales des voyages, 1857. 1858, 1861.

Voyage en Turquie. — Dr Barth. — Annales des voyages, 1861.

Chrétiens et Turcs. — Eugène Poujade. — Annales des voyages, 1859.

Le Liban et la Syrie. — Eugène Poujade. — Annales des voyages, 1860.

Croisière de la *Claymore*. — Mme Harvey. — Annales des voyages, 1861.

Transcaucasia. — Le baron de Haxthausen. — Annales des voyages, 1856

Le baron de Haxthausen. — Annales des voyages, 1867.

L'Inde moderne. — Campbell. — Bibliothèque universelle.

Voyage dans l'Inde. — Prince Waldemar de Prusse. — Annales des voyages, 1859.

Expédition américaine dans les mers de l'Indo-Chine. — Annales des voyages, 1859.

La capitale du Taïcoun. — Sir Rutherford Alcock. — Annales des voyages, 1863.

Ceylan. — Sir James Em. Tennent. — Annales des voyages, 1860.

Les Russes sur l'Amur. — Ravenstein. — Annales des voyages, 1862.

L'Empire des tsars. — Schnitzler. — Annales des voyages, 1863, 1864, 1867.

Voyage à Terre-Neuve. — Le comte de Gobineau. — Annales des voyages, 1861.

Protocoles de la délimitation des Guyanes anglaises et brésiliennes. —
  Annales des voyages, 1857.
La Confédération argentine. — Martin de Moussy. — Annales des
  voyages, 1862.

———————

Cette liste, dressée sur une collection qui a été rassemblée avec peine,
est probablement incomplète. Il peut s'y trouver quelques inexactitudes
quant à la désignation des recueils où les articles ont été publiés et à
l'année de leur publication.

L'on croit convenable de mentionner à la suite quatre articles donnés
par la comtesse de Circourt à la Bibliothèque universelle, sous le couvert
de l'anonyme, et qui ne sont pas indignes de sa réputation de femme
instruite, d'esprit et de goût.

État actuel de la littérature russe. — Bibliothèque universelle, 1829.
Georges Miloslawsky, ou les Russes en 1812, par Zagoskine. — Bibliothèque universelle, 1831.
Relation d'une course à Bénévent et Amalfi. — Bibliothèque universelle,
  1832.
Relation de quelques excursions dans le royaume de Naples. — Bibliothèque universelle, 1832.

———————

TABLE DES MATIÈRES

A. Quantin imprimeur
B. Benoit, 7 à Paris